Impressum
Verlag: BABADADA GmbH, Nedderfeld 112 , 22529 Hamburg
Geschäftsführer / Verlagsleitung: Harald Hof
Druck: Books on Demand GmbH, In de Tarpen 42, 22848 Norderstedt

Imprint
Publisher: BABADADA GmbH, Nedderfeld 112 , 22529 Hamburg, Germany
Managing Director / Publishing direction: Harald Hof
Print: Books on Demand GmbH, In de Tarpen 42, 22848 Norderstedt

σχολείο

sukuu

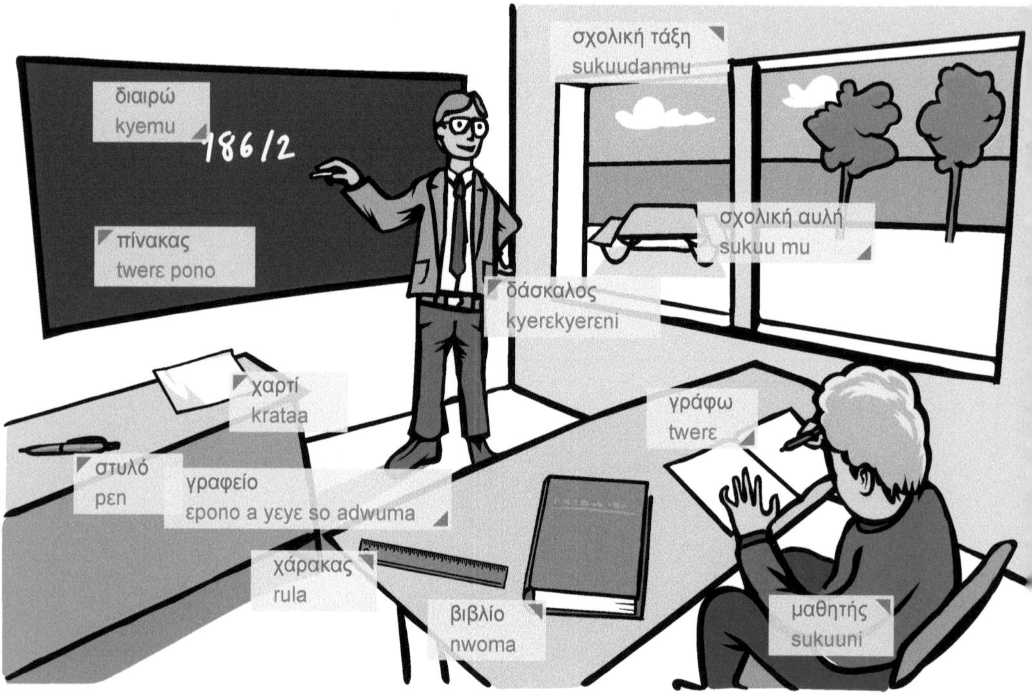
σχολική τάξη
sukuudanmu
διαιρώ
kyemu
186/2
πίνακας
twerɛ pono
σχολική αυλή
sukuu mu
δάσκαλος
kyerɛkyerɛni
χαρτί
krataa
γράφω
twerɛ
στυλό
pɛn
γραφείο
ɛpono a yɛyɛ so adwuma
χάρακας
rula
βιβλίο
nwoma
μαθητής
sukuuni

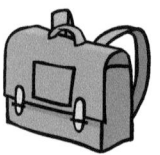

σχολική τσάντα

baage

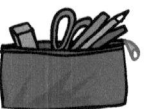

κασετίνα/ μολυβοθήκη

twerɛdua konko

μολύβι

twerɛdua

ξύστρα

deɛ yɛde sensen twerɛdua ano

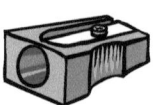

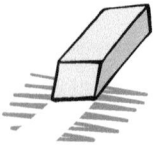

γόμα

rɔba

μπλοκ ζωγραφικής

krataa a yɛdwi adeguso

ζωγραφική

adedwie

πινέλο

penti brɔhye

κουτί χρωμάτων

penti adaka

ψαλίδι

apasɔɔ

κόλλα

aman

τετράδιο ασκήσεων

nwoma a yɛyɛ mu adwuma

εργασία για το σπίτι

efie adwuma

αριθμός

nɔma

προσθέτω

kabom

αφαιρώ

te fri mu

πολλαπλασιάζω

mmɔho

υπολογίζω

sese

γράμμα

lɛtɛ

αλφάβητο

ntwerɛɛ

λέξη

asɛmfua

κείμενο

ntwerɛdeɛ

διαβάζω

kenkan

κιμωλία

kyɔk

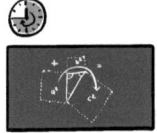

μάθημα

adesua

εγγράφομαι

twerɛ wo din

τεστ

nsɔhwɛ

πιστοποιητικό

abodinkrataa

μαθητική στολή

sukuu ataadeɛ

εκπαίδευση

adesua

εγκυκλοπαίδεια

nyansa nwoma

πανεπιστήμιο

suapɔn

μικροσκόπιο

maakroskop

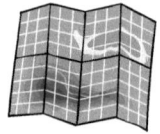

χάρτης

map

καλάθι αχρήστων

kɛntɛn a yɛde krataa nwura
gu mu

ταξίδι
akwantuo

ξενοδοχείο
ahɔhogyebea
Grand
ξενώνας
hostɛl
ROOMS
ανταλλακτήρια συναλλάγματος
baabi a yɛ sesa sika
βαλίτσα
potomanto
αυτοκίνητο
kaa

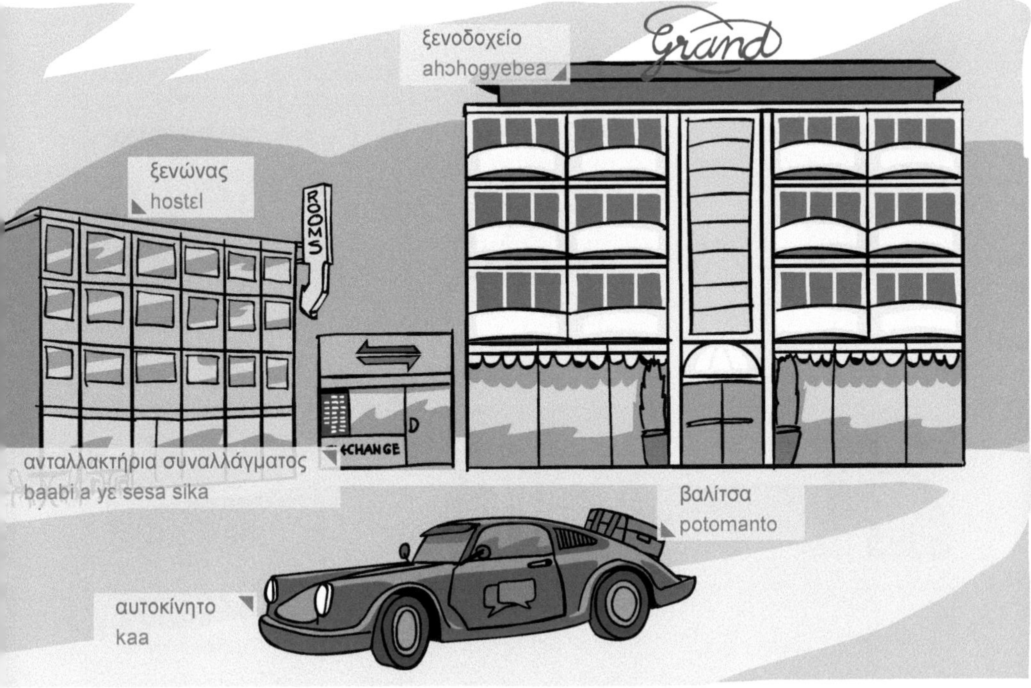

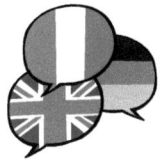

γλώσσα

kasa

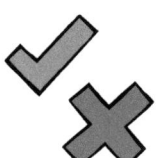

ναι / όχι

aane / dabi

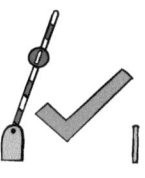

εντάξει

Yoo

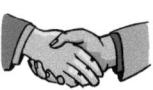

γεια σου

hɛlo

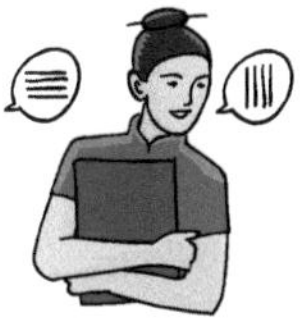

μεταφραστής

kasa asekyerɛfoɔ

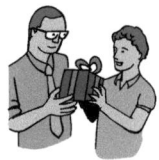

Ευχαριστώ

Medaase

πόσο κάνει ;

...bɔɔ yɛ sɛn?

Δε καταλαβαίνω

Me nte asɛɛ

πρόβλημα

ɔhaw

Καλησπέρα!

Maadwo!

Καλημέρα!

Maakye!

Καληνύχτα!

Dayie!

Αντίο

baibai o

κατεύθυνση

akwankyerɛ

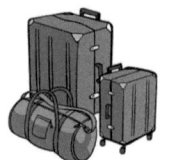

αποσκευές

wo nneɛma

τσάντα

bɔtɔ

σακίδιο πλάτης

akyirebɔtɔ

καλεσμένος

ɔhɔhɔɔ

δωμάτιο

danmu

υπνόσακος

bɔtɔ a yɛda mu

σκηνή

ntomadan

τουριστικές πληροφορίες

nsɛm dema wɔn a wɔkɔ nsrahwɛ

παραλία

mpoano

πιστωτική κάρτα

kaade a yɛde yi sika

πρωινό

anɔpa aduane

μεσημεριανό

awua aduane

δείπνο

anwumerɛ aduane

εισιτήριο

tiket

ανελκυστήρας

pegya

γραμματόσημο

stamp

σύνορα

ɛhyeɛ so

τελωνείο

kutɔmfoɔ

πρεσβεία

embasi

βίζα

visa

διαβατήριο

passpɔt

μεταφορά
akɔneabadie

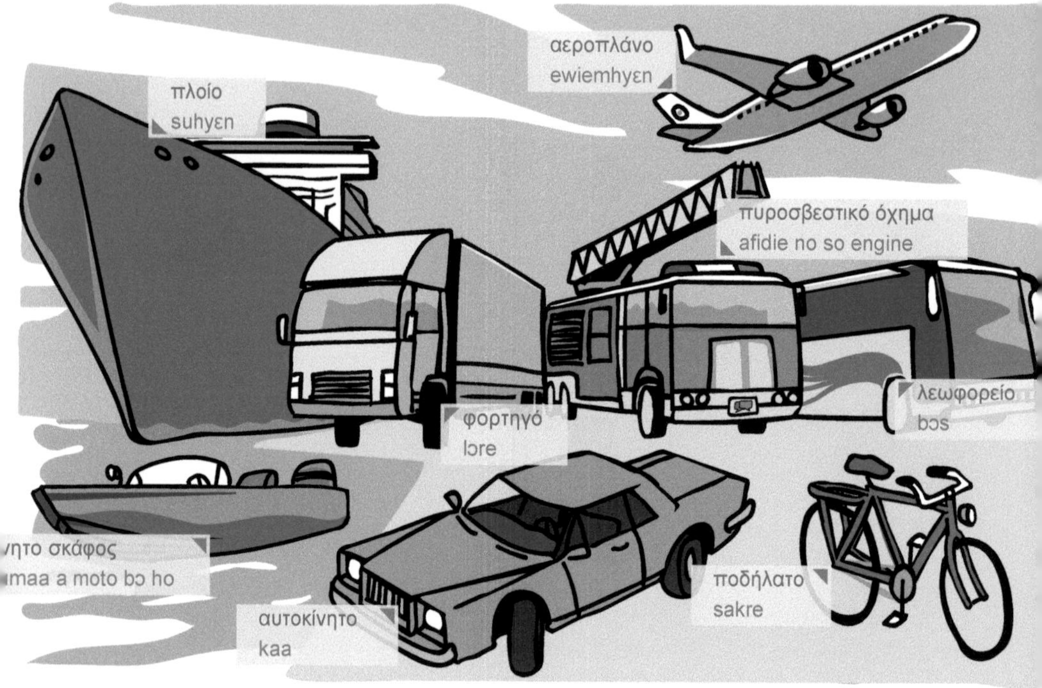
αεροπλάνο
ewiemhyɛn
πλοίο
suhyɛn
πυροσβεστικό όχημα
afidie no so engine
φορτηγό
lɔre
λεωφορείο
bɔs
ητο σκάφος
maa a moto bɔ ho
ποδήλατο
sakre
αυτοκίνητο
kaa

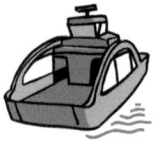

φεριμπότ

hyɛma

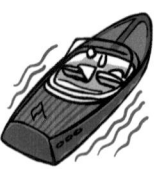

βάρκα

suhyɛn kumaa

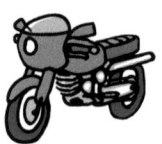

μοτοσικλέτα

motosakre

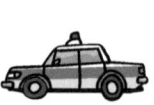

περιπολικό

polisifoɔ kaa

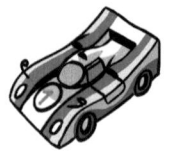

αγωνιστικό αυτοκίνητο

kaa a ɛkɔ mirika akansie

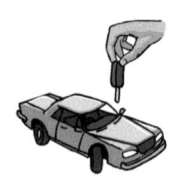

ενοικιαζόμενο αυτοκίνητο

kaa a yɛde ma ahan

διαμοιρασμός αυτοκινήτων

wɔre kyɛ kaa

γερανός

bɔre a asɛeɛ

απορριμματοφόρο

bɔɔla kaa

κινητήρας

moto

καύσιμο

pɛtro

βενζινάδικο

baabi a yɛbu pɛtro

πινακίδα σήμανσης

trafik ahyɛnsodeɛ

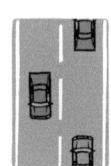

κυκλοφορία

trafik

κυκλοφοριακή συμφόρηση

trafik akye

χώρος στάθμευσης

baabi a yɛde kaa esi

σιδηροδρομικός σταθμός

keteke gyinabea

σιδηροδρομικές γραμμές

keteke kwan

τρένο

keteke

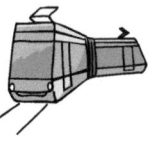

τραμ

tram

βαγόνι

ponkɔ kaa

ελικόπτερο

helikopta

αεροδρόμιο

ewiemhyɛnbea

πύργος

abansoro

επιβάτης

apasingyani

εμπορευματοκιβώτιο

tontowa

χαρτοκιβώτιο

adaka

καρότσι

kaate

καλάθι

kɛntɛn

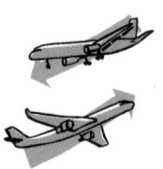

απογειώνομαι /
προσγειόνομαι

atu / asi fam

πόλη
kuro kɛseɛ

χωριό

akurase

κέντρο της πόλης

kuro dwaberɛ mu

σπίτι

efie

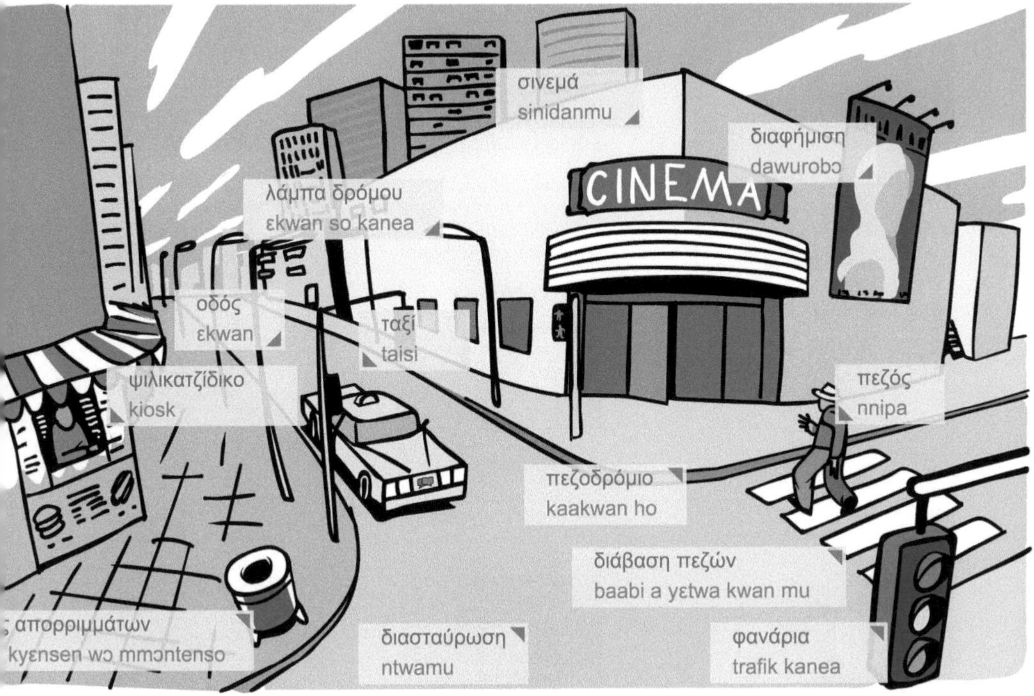

σινεμά
sinidanmu

διαφήμιση
dawurobɔ

λάμπα δρόμου
ɛkwan so kanea

CINEMA

οδός
ɛkwan

ταξί
taisi

ψιλικατζίδικο
kiosk

πεζός
nnipa

πεζοδρόμιο
kaakwan ho

διάβαση πεζών
baabi a yɛtwa kwan mu

απορριμμάτων
kyɛnsɛn wɔ mmɔntɛnso

διασταύρωση
ntwamu

φανάρια
trafik kanea

καλύβα
....
apata

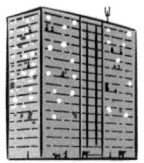

διαμέρισμα
....
efie

σιδηροδρομικός σταθμός
....
keteke gyinabea

δημαρχείο
....
adwaberɛm

μουσείο
....
bea a yɛ kora tete nneɛma

σχολείο
....
sukuu

πανεπιστήμιο

suapɔn

τράπεζα

sikakrobea

νοσοκομείο

ayaresabea

ξενοδοχείο

ahɔhogyebea

φαρμακείο

famasi

γραφείο

asoeɛ

βιβλιοπωλείο

sotɔɔ a wɔtɔn nwoma

κατάστημα

sotɔɔ

ανθοπωλείο

baabi yɛtɔn nhwiren

σούπερ μάρκετ

sotɔɔpɔn

αγορά

edwam

πολυκατάστημα

sotɔɔ kɛseɛ

ιχθυοπωλείο

baabi a yɛtɔn mpataa

εμπορικό κέντρο

dwadibea kɛseɛ

λιμάνι

suhyɛn gyinabea

πάρκο

baabi kaa gyina

παγκάκι

bɛnkye

γέφυρα

ɛtwene

σκάλες

atwedeɛ

μετρό

asaase ase

τούνελ

ɛbɔn

στάση λεωφορείου

baabi a bɔs gyina

μπαρ

nsanombea

εστιατόριο

adidibea

γραμματοκιβώτιο

lɛta adaka

πινακίδα δρόμου

ɛkwan so akwankyerɛ

παρκόμετρο

baabi kaa gyina ho mita

ζωολογικός κήπος

zoo

πισίνα

nsuo a yɛ dware mu

τζαμί

nkramodan

αγρόκτημα
afuo

ρύπανση
deɛ egu mmɔnten so fi

νεκροταφείο
asieɛ

εκκλησία
asɔre

παιδική χαρά
agodibea

ναός
asɔre dan

τοπίο
mmɔnten so asiesie

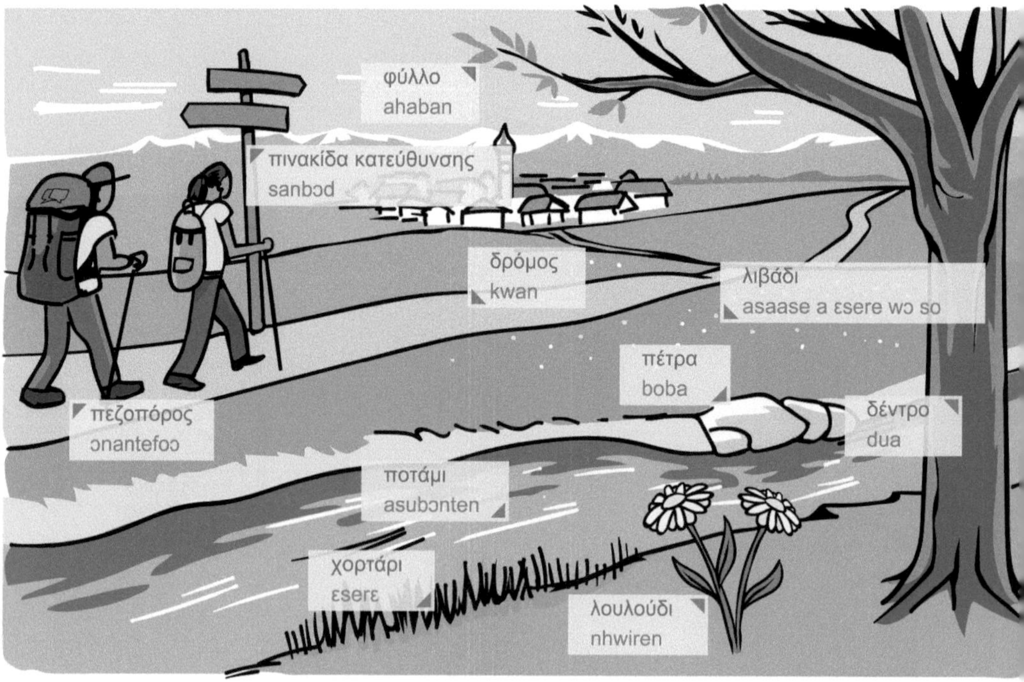

φύλλο
ahaban

πινακίδα κατεύθυνσης
sanbɔd

δρόμος
kwan

λιβάδι
asaase a ɛsere wɔ so

πέτρα
boba

δέντρο
dua

πεζοπόρος
ɔnantefoɔ

ποτάμι
asubɔnten

χορτάρι
ɛsere

λουλούδι
nhwiren

κοιλάδα

amenamu

λόφος

bepɔ

λίμνη

tadeɛ

δάσος

kwaeɛ

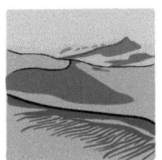

έρημος

ɛserɛ so

ηφαίστειο

egya a efri botan mu

κάστρο

abankɛseɛ

ουράνιο τόξο

nyankontɔn

μανιτάρι

emere

φοίνικας

abɛtene

κουνούπι

ntomntom

μύγα

tu

μυρμήγκι

ntɛtea

μέλισσα

wowa

αράχνη

ananse

σκαθάρι

amankuo

βάτραχος

aponkyerɛni

σκίουρος

opuro

σκαντζόχοιρος

apɛsɛ

λαγός

adanko

κουκουβάγια

patuo

πουλί

anomaa

κύκνος

nsuo mu dabodabo

αγριογούρουνο

kɔkɔte

ελάφι

adoa

άλκη

ɔtweenini

φράγμα

dam

ανεμογεννήτρια

wind turbine afidie

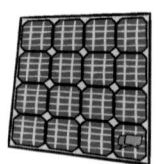

ηλιακός συλλέκτης

afidie a ɛkye awia

κλίμα

wiem nsakraeɛ

εστιατόριο
adidibea

σερβιτόρος
ɔsom adidieɛ
κατάλογος
aduane a ɛwɔ hɔ
καρέκλα
akonwa
σούπα
nkwan
πίτσα
pisa
μαχαιροπίρουνα
ntere a yɛde didi
τραπεζομάντιλο
ntoma a ɛse pono so

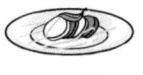

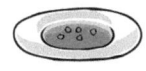

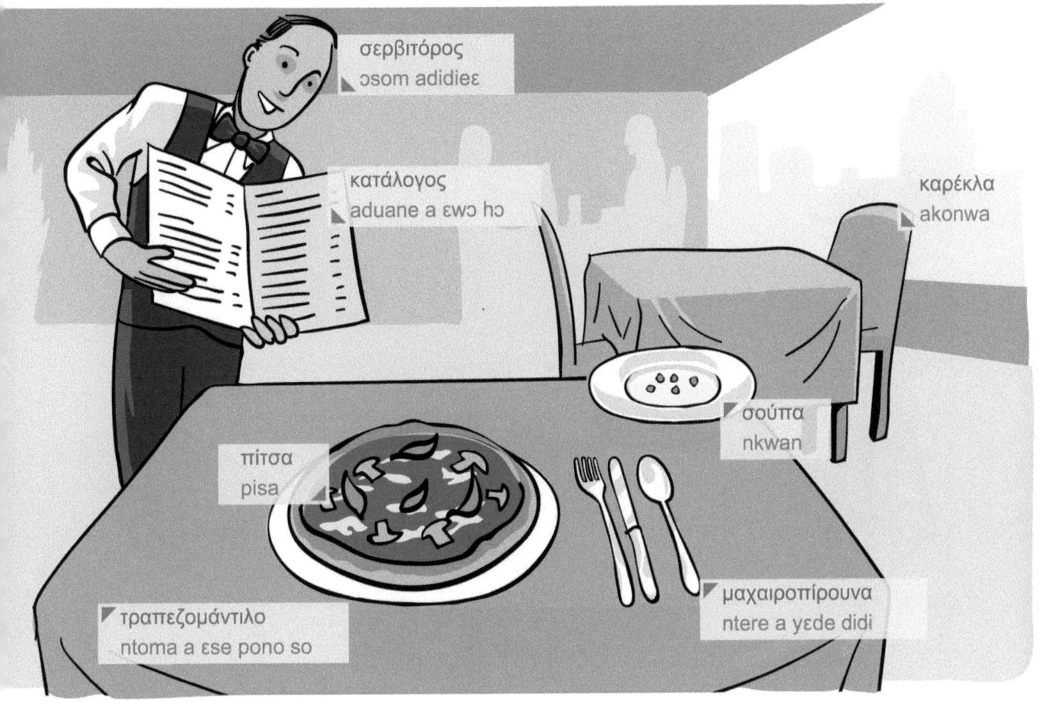

ορεκτικό

mprampra anom

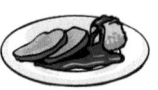

κύριο πιάτο

aduane no ankasa

επιδόρπιο

mpa anom

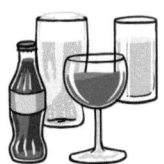

ποτά

nsa

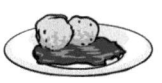

φαγητό

aduane

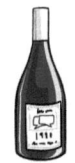

μπουκάλι

toa

φαστ φουντ

aduane hyewhyew

φαγητό στ' όρθιο

abɔnten so aduane

τσαγιέρα

tii kukuo

δοχείο ζάχαρης

asikyire konko

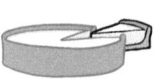

μερίδα

wo kyɛfa

μηχανή εσπρέσο

espresso afidie

ψηλή καρέκλα

akonwa tenten

λογαριασμός

wo ka

δίσκος

apanpan

μαχαίρι

sekan

πιρούνι

adinam

κουτάλι

atere

κουταλάκι του τσαγιού

atere ketewa

πετσέτα φαγητού

napkin a yɛde pepa ano

ποτήρι

glase

εστιατόριο - adidibea

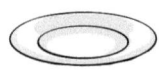

πιάτο
prεte

πιάτο σούπας
kwan kyεnsee

πιατάκι φλιτζανιού
prεte ketewa

σάλτσα
abomu

αλατιέρα
nkyene kukuo

μύλος για πιπέρι
yεde yam mako

ξύδι
fenega

λάδι
anwa

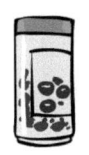 

μπαχαρικά
aduhwam

κέτσαπ
kεkyɔp

μουστάρδα
mustad

μαγιονέζα
mayones

σούπερ μάρκετ

sotɔɔpɔn

προσφορά
ntesoɔ soronko
FOR
πελάτης
adetɔfoɔ
γαλακτοκομικά προϊόντα
nanatwie nufusuo
φρούτα
aduaba
καρότσι για ψώνια
hwiili

BUTCHERS

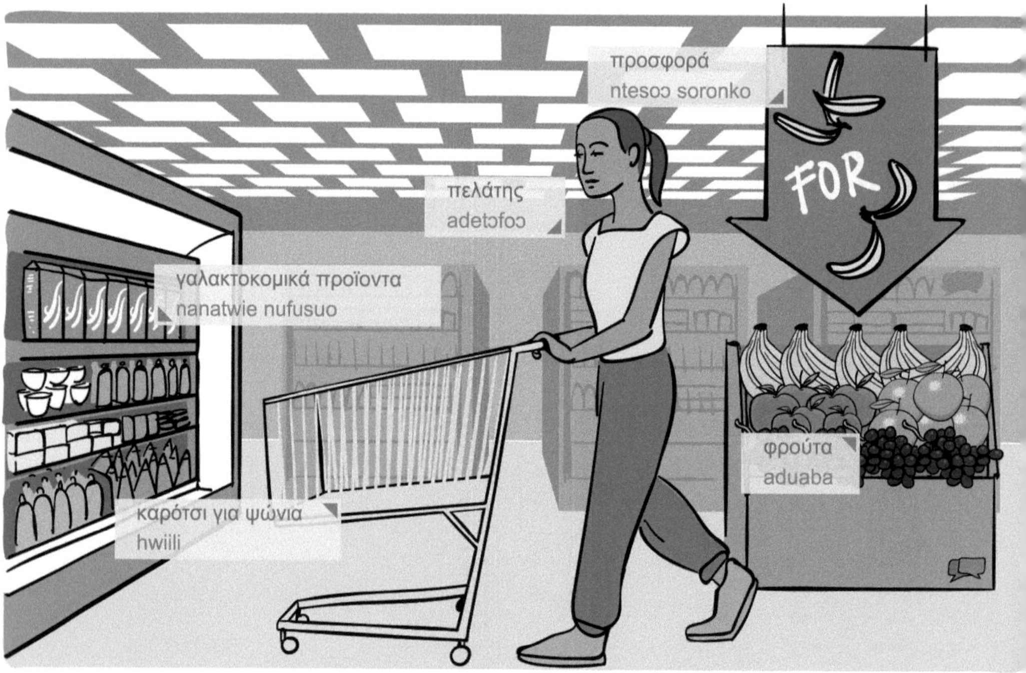

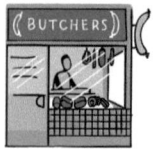

κρεοπωλείο

baabi a yɛtɔn nam

BAKERY

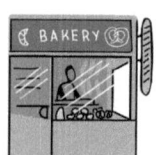

φούρνος

baabi a yɛtɔn paano

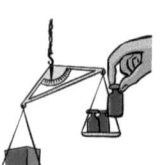

ζυγίζω

susu

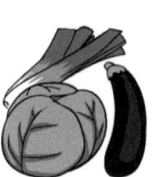

λαχανικά

atosodeɛ

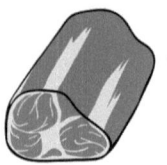

κρέας

nam

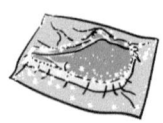

κατεψυγμένα τρόφιμα

frigyemu aduane

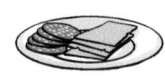

αλλαντικά

nam a adwɔɔ

κονσερβοποιημένη τροφή

kyɛnsee mu aduane

απορρυπαντικό ρούχων

paoda samena

γλυκά

adedɔkɔdɔkɔ

οικιακά είδη

efie nnɛɛma

καθαριστικά προϊόντα

adetɔneɛ a yɛde pepa fin

πωλήτρια

nnipa a ɔtɔn adeɛ

ταμείο

afidie a egye sika

ταμίας

ɔgyegye sika

λίστα για ψώνια

krataa a wodi rekɔ di dwa

ωράριο λειτουργίας

berɛ a wɔde bua

πορτοφόλι

sikabotɔ

πιστωτική κάρτα

kaade a yɛde yi sika

τσάντα

baage

πλαστική σακούλα

rɔba baage

νερό

nsuo

χυμός

aduaba mu nsuo

γάλα

nufusuo

κόκα κόλα

kok

κρασί

wain nsa

μπίρα

biya

αλκοόλ

mmorosa

κακάο

kokoo

τσάι

tii

καφές

kofe

εσπρέσο

espresso

καπουτσίνο

kapukyino

μπανάνα
kwadu

μήλο
apol

πορτοκάλι
ankaa

πεπόνι
melon

λεμόνι
akutɔɔ

καρότο
karɔt

σκόρδο
garlik

μπαμπού
pampro

κρεμμύδι
gyeene

μανιτάρι
mmere

ξηροί καρποί
nkateɛ

νουντλς
talia

μακαρόνια

spageti

ρύζι

εmo

σαλάτα

salad

πατατάκια

kyipis

τηγανητές πατάτες

abrɔdwomaa a y'akye

πίτσα

pisa

χάμπουργκερ

hambɔga

σάντουιτς

sanwekye

κοτολέτα

nam a dompe nnim

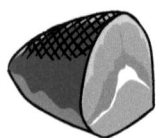

ζαμπόν

preko nam

σαλάμι

nam a y'ahata

λουκάνικο

sɔsege

κοτόπουλο

akokɔ

ψητό

toto

ψάρι

apataa

χυλός βρώμης

oosu koko

μούσλι

muesli

κορν φλέικς

konflese

αλεύρι

esam

κρουασάν

krossant

ψωμάκι

paano a y'abobɔ

ψωμί

paano

τοστ

paano a y'atoto

μπισκότα

biskete

βούτυρο

bɔta

τυρόπηγμα

nufusuo a ada

κέικ

keeke

αυγό

kosua

τηγανητό αυγό

kosua a y'akyeɛ

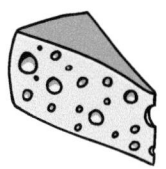

τυρί

kyiis

παγωτό

asskrim

ζάχαρη

asikyire

μέλι

εwɔ

μαρμελάδα

gyaam

άλλειμμα σοκολάτας

kyokolete

κάρυ

kɔri

φαγητό - aduane

αγρόκτημα
afuo

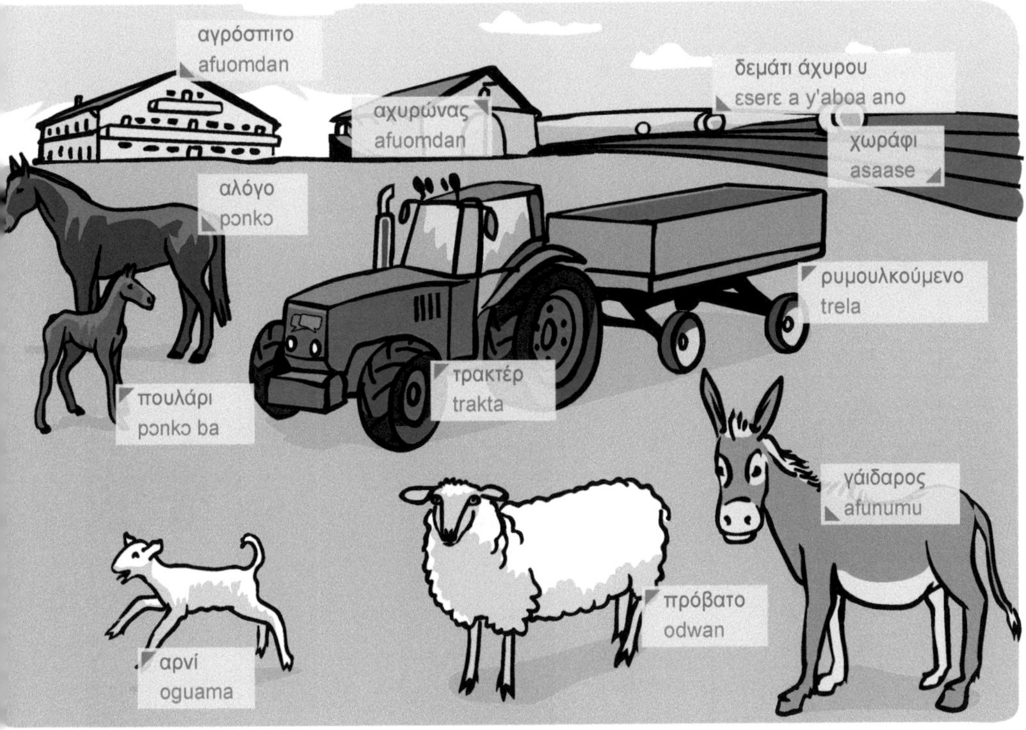

αγρόσπιτο
afuomdan
αχυρώνας
afuomdan
δεμάτι άχυρου
εserε a y'aboa ano
χωράφι
asaase
αλόγο
pɔnkɔ
ρυμουλκούμενο
trela
πουλάρι
pɔnkɔ ba
τρακτέρ
trakta
γάιδαρος
afunumu
πρόβατο
odwan
αρνί
oguama

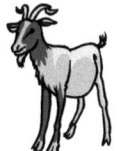

κατσίκα

apɔnkye

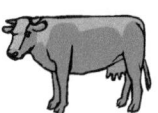

αγελάδα

nantwie

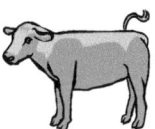

μοσχαράκι

nantwie ba

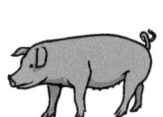

γουρούνι

prεko

γουρουνάκι

prεko ba

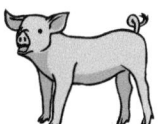

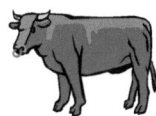

ταύρος

nantwinini

χήνα

dabodabo nua

πάπια

dabodabo

κοτοπουλάκι

akokɔba

κότα

akokɔbedeɛ

κόκορας

akokɔnini

αρουραίος

kusie

γάτα

ɔkra

ποντίκι

akura

βόδι

nantwinini

σκύλος

kraman

σπιτάκι σκύλου

kraman buo

λάστιχο κήπου

afuom drobɛn

ποτιστήρι

tontora a yɛde gu nsuo

θεριστήρι

sekan a yɛde twa aburo

αλέτρι

funtum dadeɛ

δρεπάνι

kɔntɔnkrɔ

τσάπα

asɔ

δίκρανο

afuom adinam

τσεκούρι

akuma

χειράμαξα

hweebaro

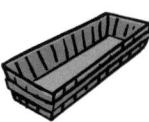

ταΐστρα

adidika

δοχείο γάλακτος

nufusuo konko

σάκος

bɔtɔ

φράχτης

ɛban

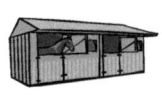

στάβλος

pɔnkɔ dan

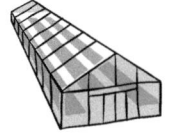

θερμοκήπιο

ntomadan a yɛyɛ mu afuo

έδαφος

anwea

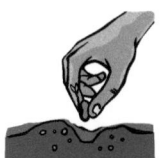

σπόρος

aba

λίπασμα

ɔyɛ asaaseyie

θεριζοαλωνιστική μηχανή

otwaberɛ trakta

θερίζω

twa

συγκομιδή

otwaberɛ

γιαμς

bayerɛ

σιτάρι

ayuo

σόγια

soya

πατάτα

abrɔdwomaa

καλαμπόκι

aburo

κράμβη

repu aba

οπωροφόρο δέντρο

dua a ɛso aba

μανιόκα

bankye

δημητριακά

aburo asefoɔ

αγρόκτημα - afuo

σπίτι
efie

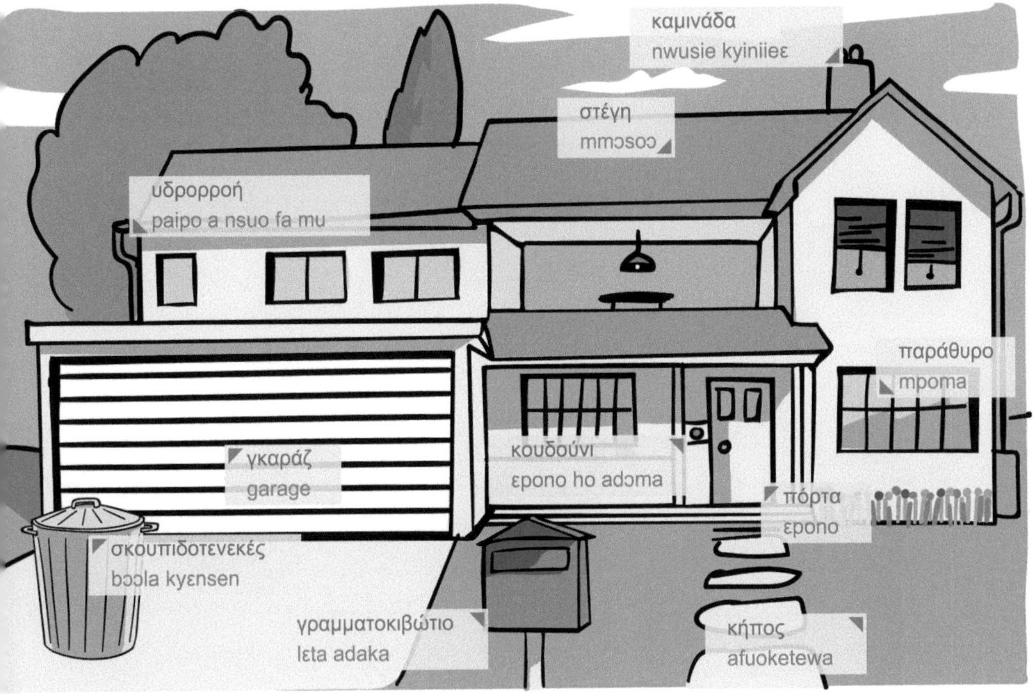

καμινάδα
nwusie kyiniieɛ
στέγη
mmɔsoɔ
υδρορροή
paipo a nsuo fa mu
παράθυρο
mpoma
γκαράζ
garage
κουδούνι
ɛpono ho adɔma
πόρτα
ɛpono
σκουπιδοτενεκές
bɔɔla kyɛnsen
γραμματοκιβώτιο
lɛta adaka
κήπος
afuoketewa

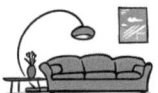

σαλόνι

asaso

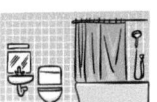

μπάνιο

adwareɛ

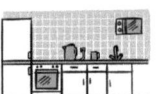

κουζίνα

mukaase

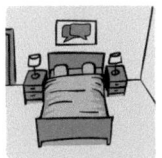

υπνοδωμάτιο

pie mu

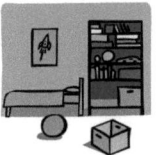

παιδικό δωμάτιο

nkwadaa dan mu

τραπεζαρία

dan a yɛdidi mu

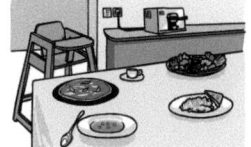

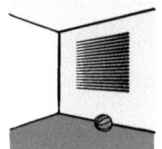

πάτωμα

εfam

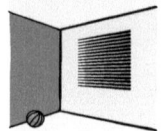

τοίχος

εban

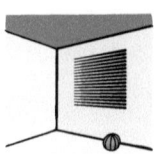

οροφή

abruuso

κελάρι

danbloo

σάουνα

adweree a εbɔ ɔhyew

μπαλκόνι

abranaa

βεράντα

abranaaso

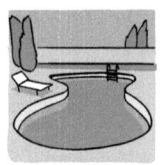

πισίνα

nsuo a yεdware mu

μηχανή του γκαζόν

afidie a yεde dɔ

σεντόνι

nsεfam

κάλυμμα κρεβατιού

ntoma a εse kεtε so

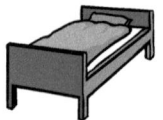

κρεβάτι

mpa

σκούπα

prayε

κουβάς

bokiti

διακόπτης

dane

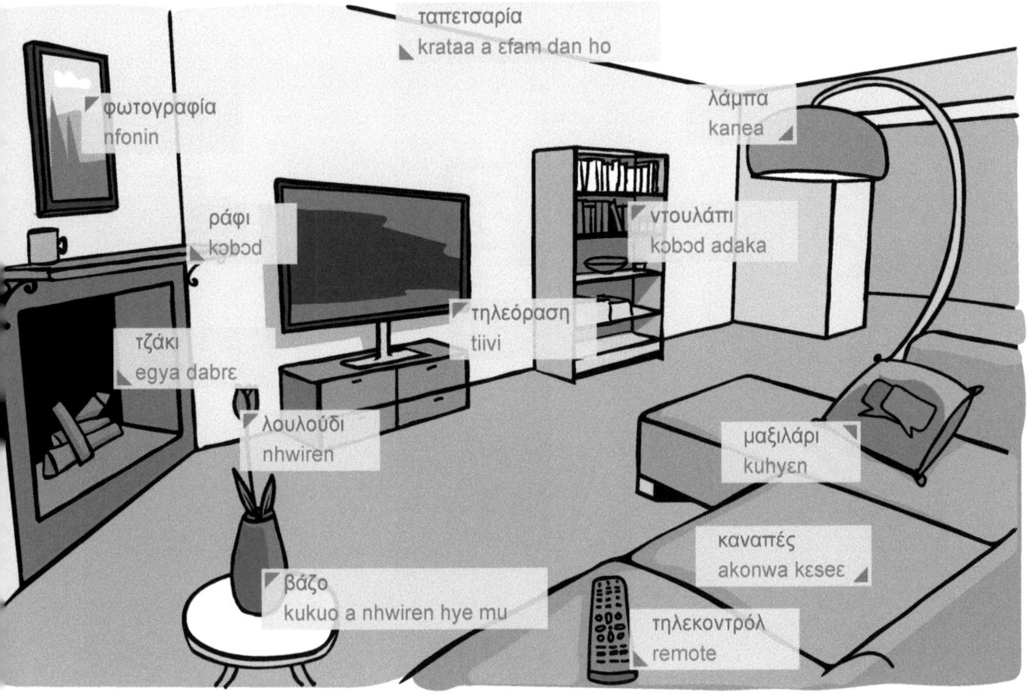

ταπετσαρία
krataa a εfam dan ho

φωτογραφία
nfonin

λάμπα
kanea

ράφι
kɔbɔd

ντουλάπι
kɔbɔd adaka

τζάκι
egya dabrε

τηλεόραση
tiivi

λουλούδι
nhwiren

μαξιλάρι
kuhyεn

καναπές
akonwa kεsεε

βάζο
kukuo a nhwiren hye mu

τηλεκοντρόλ
remote

χαλί
καρετε

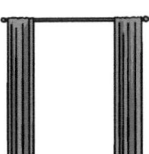

κουρτίνα
ntwaa dan mu

τραπέζι
εpono

καρέκλα
akonwa

κουνιστή πολυθρόνα
akonwa a ehinhim

πολυθρόνα
akonwa a yεgyegye dan

βιβλίο
nwoma

κουβέρτα
kuntu

διακόσμηση
dan mu nsiesie

καυσόξυλα
egya

ταινία
sini

στερεοφωνικό σύστημα
wailεs

κλειδί
safoa

εφημερίδα
koowaa krataa

πίνακας ζωγραφικής
nfonin a y'adwi

αφίσα
nfam danho

ραδιόφωνο
radio

σημειωματάριο
krataa a yε twere mu

ηλεκτρική σκούπα
afidie a εprapra

κάκτος
kaktus

κερί
kyεnere

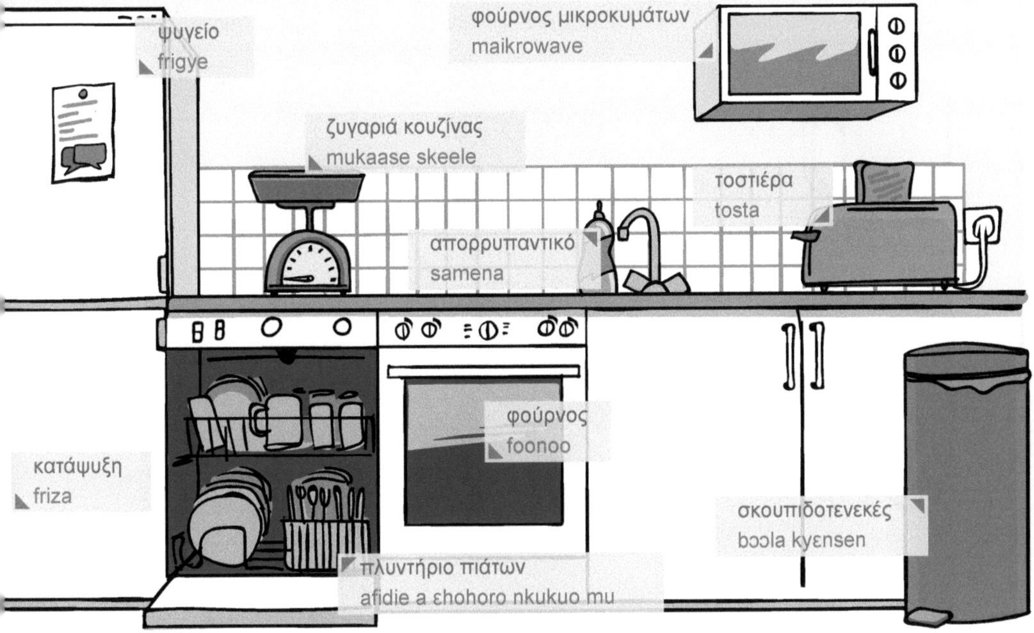

ψυγείο
frigye

φούρνος μικροκυμάτων
maikrowave

ζυγαριά κουζίνας
mukaase skeele

τοστιέρα
tosta

απορρυπαντικό
samena

κατάψυξη
friza

φούρνος
foonoo

σκουπιδοτενεκές
bɔɔla kyɛnsen

πλυντήριο πιάτων
afidie a ɛhohoro nkukuo mu

κουζίνα
abɛɛfo bukyea

κατσαρόλα
kokuo

μαντεμένια κατσαρόλα
dadesɛn

γουόκ/καντάι
wok / kadai

τηγάνι
kyɛnsee

βραστήρας
nsuo hyeɛ afidie

ατμομάγειρας

stiima

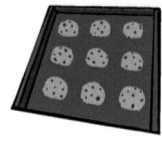

ταψί

apa a yε to so adeε

πιατικά

prεte, kuruwa, ntere ne nea εkeka ho

κούπα

kuruwa a etumi bɔ

μπολ

kyεnsee

ξυλάκια

nnua a yεde didi

κουτάλα

kwantre

σπάτουλα

dua atere

ανακατεύω

yεde nu adeε mu

σουρωτήρι

sɔneε

σουρωτηράκι

fefe

τρίφτης

greta

γουδί

waduro

ψησταριά

kyinkyinga

ανοιχτή φωτιά

bukyea

σανίδα κοπής

εpono a yε twitwaso adeε

πλάστης

εta

ανοιχτήρι φελλών

deε yεtu nsa so

κονσέρβα

konko

ανοιχτήρι κονσέρβας

deε yεde bue konko so

γάντι φούρνου

yεde sɔ kukuo mu

νεροχύτης

sink

βούρτσα

brɔhye

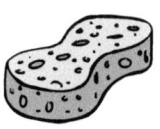

σφουγγάρι

sapɔ

μπλέντερ

aduane yam fidie

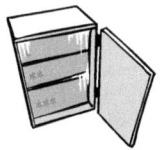

καταψύκτης

friza nini

μπιμπερό

toa a abɔdoma nom ano

βρύση

paipo

κουζίνα - mukaase

μπάνιο
adwareɛ

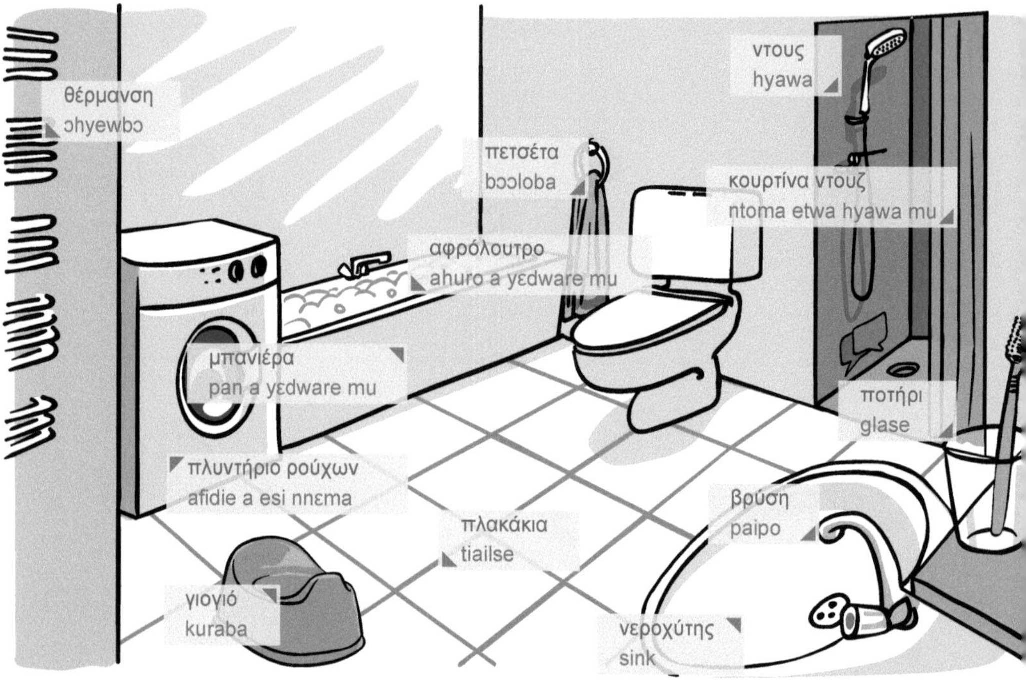

θέρμανση
ɔhyewbɔ
πετσέτα
bɔɔloba
ντους
hyawa
κουρτίνα ντουζ
ntoma etwa hyawa mu
αφρόλουτρο
ahuro a yɛdware mu
μπανιέρα
pan a yɛdware mu
ποτήρι
glase
πλυντήριο ρούχων
afidie a esi nnɛma
βρύση
paipo
πλακάκια
tiailse
γιογιό
kuraba
νεροχύτης
sink

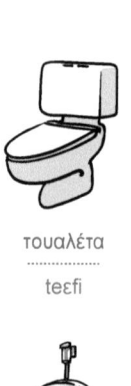

τουαλέτα

teɛfi

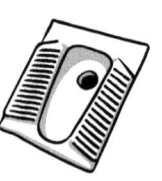

τούρκικη τουαλέτα

teɛfi a yɛ koto so

μπιντές

bidet teɛfi

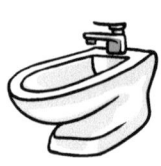

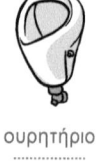

ουρητήριο

dwonsɔ dan

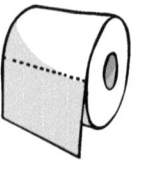

χαρτί υγείας

teɛfi so krataa

πιγκάλ

teɛfi so brɔhye

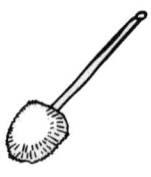

οδοντόβουρτσα

brɔhye a yɛde twitwiri see

οδοντόκρεμα

aduro a yɛde twitwiri see

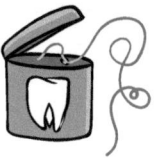

οδοντικό νήμα

yɛde yiyi ɛsee mu

πλένω

si

τηλέφωνο ντους

hyawa a yɛsɔ mu

ντουσιέρα

paipo a yɛde hohoro ananmu

λεκάνη

bokiti

βούρτσα πλάτης

brɔhye a wode dware w'akyi

σαπούνι

samena

αφρόλουτρο

hyawa samena

σαμπουάν

nsuo samena

φανέλα

flanɛl ntoma

σιφόνι

baabi a nsu fa pue

κρέμα

nku

αποσμητικό

yɛde fefa amotoamu

καθρέφτης

ahwehwɛ

καθρέφτης χειρός

ahwehwɛ a yɛsɔ mu

ξυραφάκι

bled

αφρός ξυρίσματος

ahuro a yɛde yi nwi

αφτερσέιβ

aduro a yɛde fefa baabi a
wo ayi nwi

χτένα

afen

βούρτσα

brɔhye

σεσουάρ

afidie a ɛwo nwi

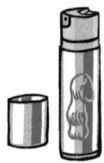

λακ

enwi sopre

μακιγιάζ

pɔns

κραγιόν

lipstike

βερνίκι νυχιών

penti a yɛde mɔreɛ so

βαμβάκι

asaawa

ψαλίδι νυχιών

apasɔɔ a etwa mmɔreɛ

άρωμα

aduhwam

νεσεσέρ

adwarɛɛ baage

σκαμπό

edwa

ζυγαριά

skele

μπουρνούζι

adwerɛɛ ataadɛɛ

ελαστικά γάντια

rɔba a yɛde hyɛ nsa ho

ταμπόν

tampon

πετσέτα υγιεινής

abɛɛfo amonsen

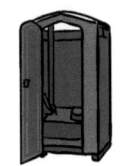

χημική τουαλέτα

tɛɛfi a aduro gum

παιδικό δωμάτιο

nkwadaa dan mu

ξυπνητήρι
klɔk a ɛbɔ nkaeɛ
λούτρινο ζωάκι
kyoobi
αυτοκινητάκι
toi kaa
κουδουνίστρα
akasaa
κουκλόσπιτο
broniba dan
δώρο
seeseiara

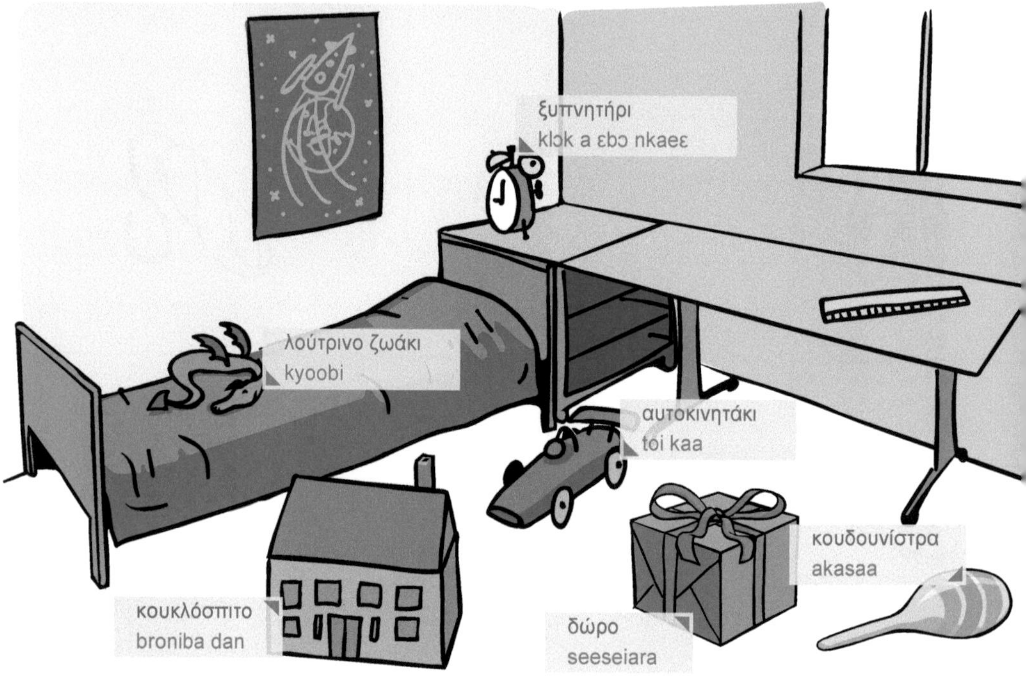

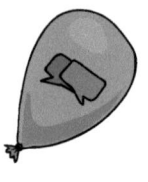

μπαλόνι

baaluu

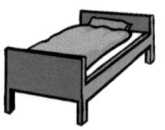

κρεβάτι

mpa

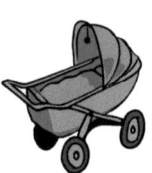

καροτσάκι

nkwadaa kaa

τράπουλα

sopaa

παζλ

gyiksɔɔ

SUPER
MEGA

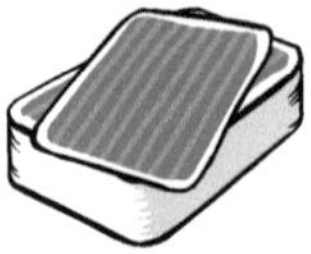

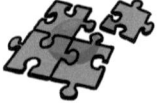

κόμικς

nsɛnkwa

τουβλάκια lego

lego blɔg

τουβλάκια κατασκευών

blɔg a yɛde si dan

φιγούρα δράσης

nnipa ɔbɔhye

βρεφικό φορμάκι

abɔdoma ataadeɛ

φρίσμπι

frisbee

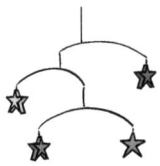

μόμπιλο

mobail

επιτραπέζιο παιχνίδι

ponoso agodie

ζάρια

daahye

σετ τρενάκι

nkwadaa keteke

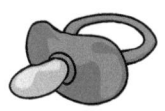

πιπίλα

koliko

πάρτι

apontoɔ

εικονογραφημένο βιβλίο

nfonin nwoma

μπάλα

bɔolo

κούκλα

broniba

παίζω

di agorɔ

σκάμμα με άμμο

anwea adaka

κούνια

adonko

παιχνίδια

tois

κονσόλα βιντεοπαιχνιδιών

video agodie apaawa

τρίκυκλο

sakre a ne nan meɛnsa

αρκουδάκι

kyoobi

ντουλάπα

wɔdropo

ρούχα
ntaadeɛ

κάλτσες

sɔks

καλτσοδέτες

stokens

καλσόν

sekentait

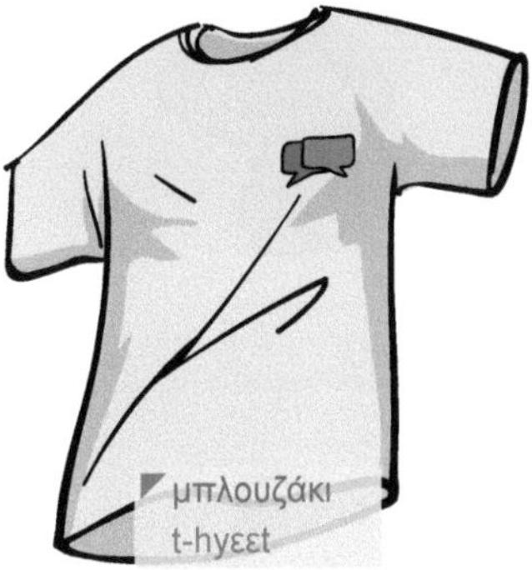

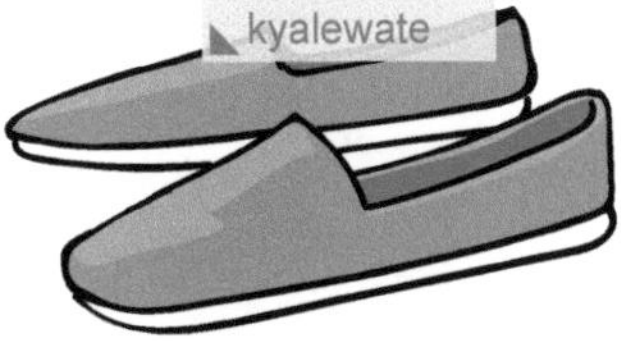

κασκόλ
duku

ζώνη
bɛlɛtɛ

ομπρέλα
kyiniɛɛ

μπλουζάκι
t-hyɛɛt

αθλητικά παπούτσια
kamboo

μπότες
mpaboa

παντόφλες
kyalɛwatɛ

σανδάλια
....
asopatre

παπούτσια
....
mpoboa

γαλότσες
....
rɔba mpaboa

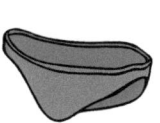

εσώρουχο
....
ɛtam

σουτιέν
....
bra

φανέλα
....
singlɛtɛ

ρούχα - ntaadeɛ

σώμα

nipadua

παντελόνι

trɔsa

τζιν παντελόνι

gyins

φούστα

sekɛɛt

μπλούζα

ɛsoro ataadeɛ

πουκάμισο

hyɛɛte

πουλόβερ

nkatoho a ɛko awɔ

πουλόβερ

hoodie

σακάκι

koot

μπουφάν

nkatasoɔ

παλτό

nkatasoɔ

αδιάβροχο πανωφόρι

nsutɔ mu nkataho

κοστούμι

dwumadie bi ho ataadeɛ

φόρεμα

mmaa atadeɛ

νυφικό

ayefrɔ ataadeɛ

κοστούμι

kootu

νυχτικό

mmaa ataadeɛ a yɛde da

πιτζάμες

pigyamas ataadeɛ

σάρι

sari

μαντήλι

duku

τουρμπάνι

abotire

μπούρκα

burka

καφτάνι

kaftan

μουσουλμανικό ένδυμα

nkramofoɔ mmaa atadeɛ

ολόσωμο μαγιό

ataadeɛ a yɛde dware nsuo

ανδρικό μαγιό

asenemu ataadeɛ

σορτς

nika

αθλητική φόρμα

agokansie ntaadeɛ

ποδιά

akatasoɔ

γάντια

nsa nkataho

κουμπί

bɔtom

γυαλιά

sopεεse

βραχιόλι

ahwnεε

περιδέραιο

komadεε

δαχτυλίδι

kawa

σκουλαρίκι

asomadεε

καπέλο

εkyε

κρεμάστρα

yεde koot sεn so

καπέλο

εkyε

γραβάτα

abɔmene mu

φερμουάρ

zip

κράνος

εkyε denden

τιράντες

bresis

μαθητική στολή

sukuu ataadεε

στολή

adwuma ataadεε

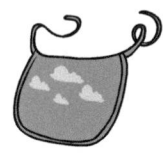

σαλιάρα

mmɔfra bib

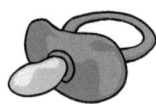

πιπίλα

koliko

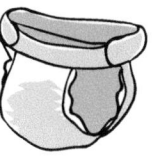

πάνα

nkwadaa napken

γραφείο

asoeɛ

σέρβερ
sɛɛva
αρχειοθήκη
kabenɛt
εκτυπωτής
printa
χαρτί
krataa
οθόνη
monita
γραφείο
ɛpono a yɛyɛ so adwuma
ντοσιέ
nhyemu
ποντίκι
Maws
πληκτρολόγιο
ntwerɛeɛ pono
θι αχρήστων
n a yɛde krataa nwura gu mu
καρέκλα
akonwa
υπολογιστής
komputa

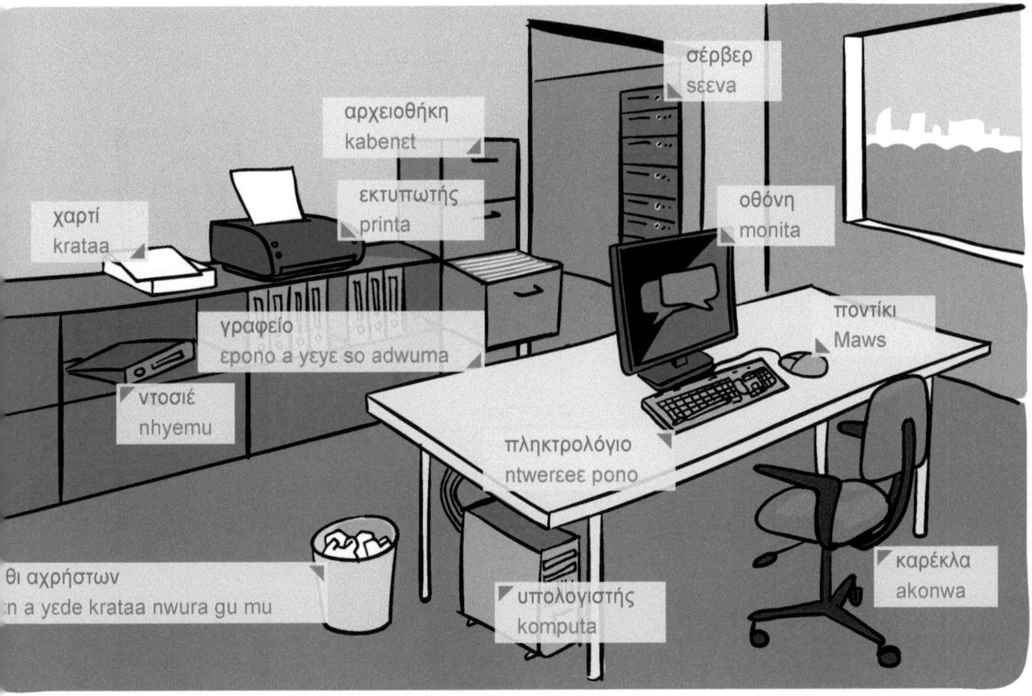

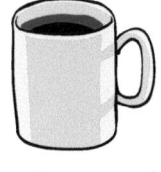

κούπα του καφέ

kɔfe kuruwa

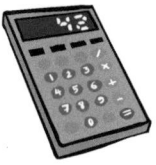

κομπιουτεράκι

akontabuo fidie

ίντερνετ

intanɛt

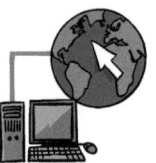

λάπτοπ
laptop

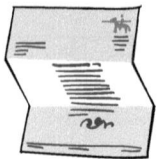

γράμμα
lεta

μήνυμα
nkratoɔ

κινητό
mobail kasafidie

δίκτυο
nεtwεke

φωτοτυπικό μηχάνημα
fotokɔpi

λογισμικό
softwεε

τηλέφωνο
tetefon

πρίζα
sɔkεt

συσκευή φαξ
faks afidie

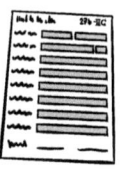

έντυπο
katraa

έγγραφο
nkrataa

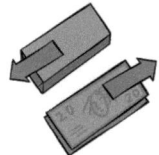

αγοράζω
....
tɔ

πληρώνω
....
tua

συναλλάσσομαι
....
di dwa

χρήματα
....
sika

USD

δολάριο
....
dollar

EUR

ευρώ
....
euro

JPY

γιεν
....
yen

RUB

ρούβλι
....
rubel

CHF

ελβετικό φράγκο
....
Swiss franks

CNY

ρενμίνμπι γιουάν
....
renminbi yuan

INR

ρουπία
....
rupii

ATM (αυτόματη ταμειακή μηχανή)
....
baabi yɛtua sika

ανταλλακτήρια
συναλλάγματος

baabi a yɛ sesa sika

χρυσός

sika kɔkɔɔ

ασήμι

dwetɛ

πετρέλαιο

now

ενέργεια

ahɔɔden

τιμή

ne bɔɔ

συμβόλαιο

kontragye

φόρος

ɛtoɔ

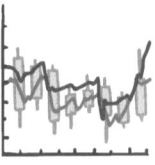

μετοχή

stɔk

δουλεύω

adwuma

υπάλληλος

adwumayɛni

εργοδότης

adwumawura

εργοστάσιο

mfididwuma mu

κατάστημα

sotɔɔ

επαγγέλματα
nwuma ahodoɔ

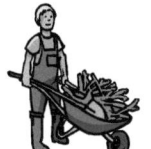

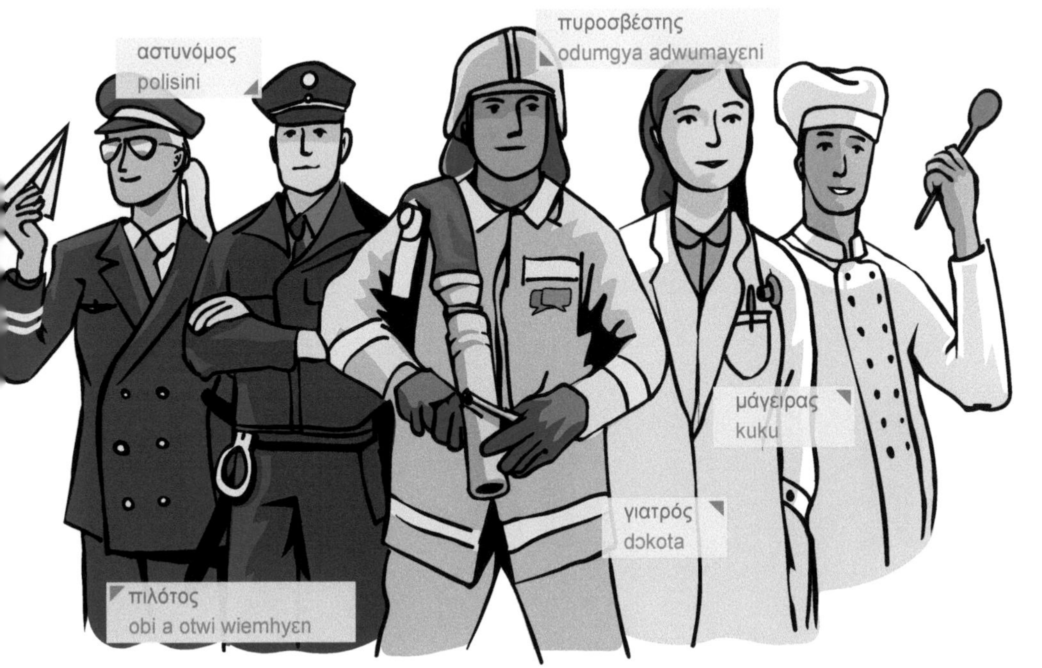
αστυνόμος
polisini
πυροσβέστης
odumgya adwumayɛni
μάγειρας
kuku
γιατρός
dɔkota
πιλότος
obi a otwi wiemhyɛn

κηπουρός

ɔyɛ afuo

ξυλουργός

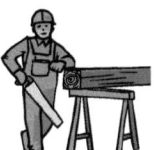

dua dwomfoɔ

μοδίστρα

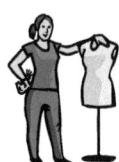

adepani baa

δικαστής

atɛnmuafoɔ

χημικός

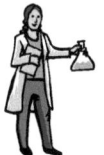

ɔtɔn nnuro

ηθοποιός

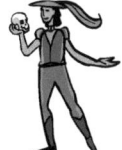

sini yɛfoɔ

οδηγός λεωφορείου	ταξιτζής	ψαράς
bɔs drɔba	taisi drɔba	ɔpofoɔ

καθαρίστρια	τεχνίτης στεγών	σερβιτόρος
ɔbaa a osiesie fie	ɔbɔdanso	ɔsom adidieɛ

κυνηγός	ζωγράφος	αρτοποιός
bɔmɔfoɔ	penta	ɔto paano

ηλεκτρολόγος	οικοδόμος	μηχανολόγος
ɔyɛ nkaneɛ ho adwuma	ɔdansifoɔ	inginia

κρεοπώλης	υδραυλικός	ταχυδρόμος
ɔdwa nam	plɔmba	krataa manefoɔ

στρατιώτης

sogyani

αρχιτέκτονας

ɔdwi adan

ταμίας

ɔgyegye sika

ανθοπώλης

ɔtɔn nhwiren

κομμωτής

ɔyɛ tire

ελεγκτής εισιτηρίων

meeti

μηχανικός

fitani

καπετάνιος

nnipa a otwi suhyɛn

οδοντίατρος

ɛsee dɔkota

επιστήμονας

abɔdeɛ mu nimdefoɔ

ραβίνος

rabi

ιμάμης

kramo panin

μοναχός

ɔsɔfo

ιερέας

ɔsɔfo

εργαλεία

anwenade

σφυρί
hama
πένσα
playa
κατσαβίδι
skrudrɔba
Γαλλικό κλειδί
sopana
φακός
abɛɛfo tɛnee

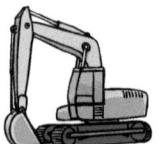

εκσκαφέας

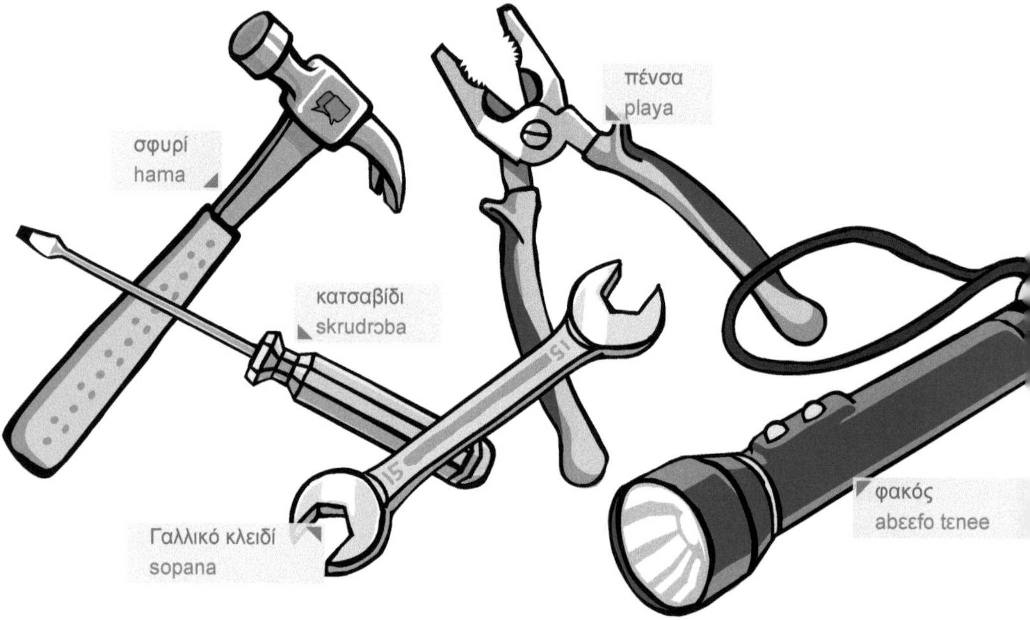

otu amena

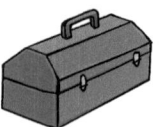

εργαλειοθήκη

anwenade adaka

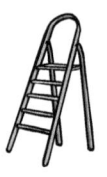

σκάλα

atwedeɛ

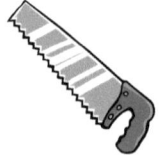

πριόνι

asradaa

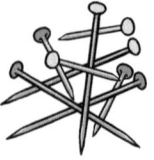

καρφιά

nnadewa

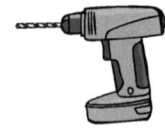

τρυπάνι

afidie a yɛde bɔne tokro

επισκευάζω
....
siesie

φτυάρι
....
sofi

Να πάρει!
....
Ebei!

φαράσι
....
asanwura

δοχείο χρωμάτων
....
penti kukuo

βίδες
....
skruu

μουσικά όργανα

nneεma a yεde bɔ nwom

μεγάφωνο
msopika a anoyεden

ντραμς
nneama a yεde bɔ ntwene

κοντραμπάσο
bass dwitae kεseε

τρομπέτα
abεn

κιθάρα
dwitae

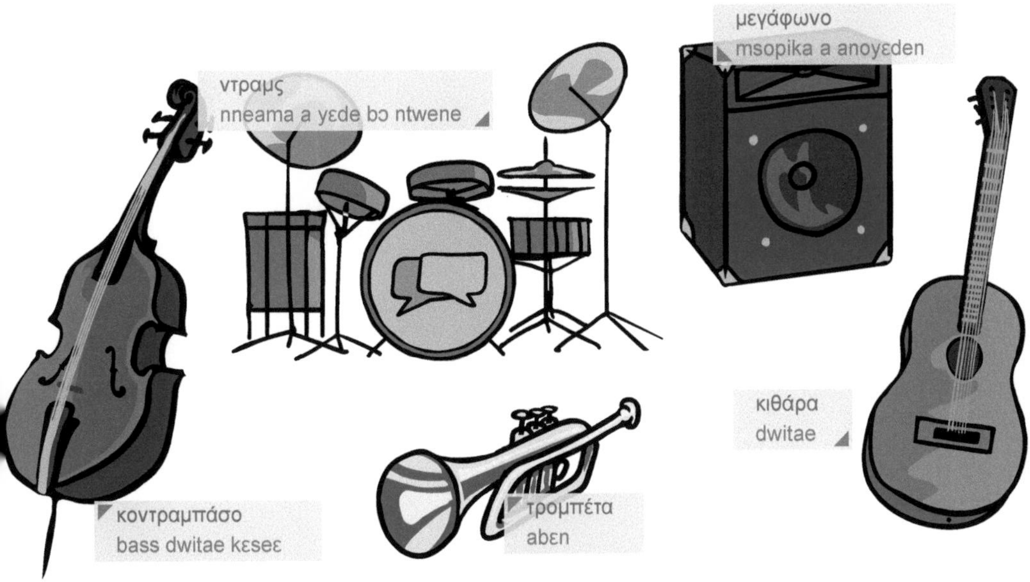

πιάνο

sankuo

βιολί

ahoma sankuo

μπάσο

bass dwitae

τύμπανα

atumpan

τύμπανο

ntwene

πλήκτρα

ntwerɛeɛ apa

σαξόφωνο

saksofon

φλάουτο

atentenbɛn

μικρόφωνο

maikrofon

τίγρης
sɛbɔ

είσοδος
ɔpɔnɔ anɔ

κλουβί
mmoa dan

ζέβρα
zebra

ζωοτροφή
mmoa aduane

πάντα
panda

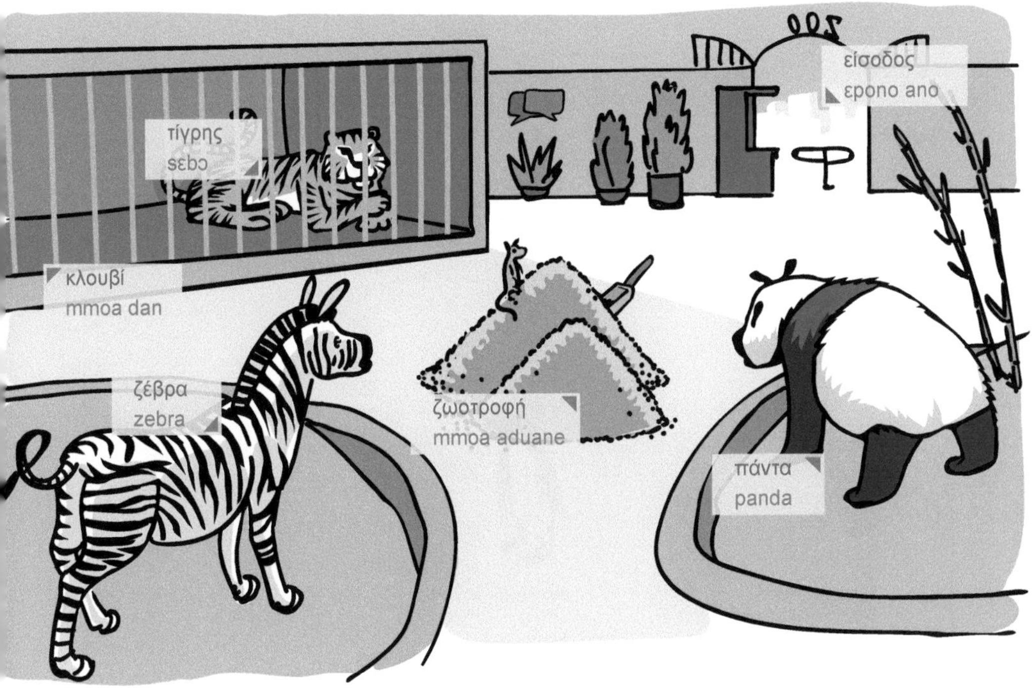

ζώα

mmoa

ελέφαντας

ɔsɔnɔ

καγκουρό

kangaru

ρινόκερος

raino

γορίλας

akatea

αρκούδα

sisire

καμήλα

afunupɔnkɔ

στρουθοκάμηλος

sohori

λιοντάρι

gyata

πίθηκος

adwee

φλαμίνγκο

flamingo

παπαγάλος

ako

πολική αρκούδα

awɔ mu sisire

πιγκουίνος

penguin

καρχαρίας

oboodede

παγώνι

akɔkonini abankwa

φίδι

wɔwɔ

κροκόδειλος

dɛnkyɛm

φύλακας ζωολογικού κήπου

nnipa ɛhwɛ zoo so

φώκια

nsuo mu gyata

τζάγκουαρ

sebɔ

πόνυ

pɔnkɔ ba

λεοπάρδαλη

etwie

ιπποπόταμος

susuono

καμηλοπάρδαλη

kɔntenten

αετός

ɔkɔdeɛ

αγριογούρουνο

kɔkɔte

ψάρι

apataa

χελώνα

sudandan

θαλάσσιος ίππος

walrus

αλεπού

sakraman

γαζέλα

ɔtwee

ζωολογικός κήπος - zoo

Αμερικάνικο ποδόσφαιρο
Amerikafɔɔ futbɔɔlo

ποδηλασία
skre twie

αντισφαίριση
tennis

μπάσκετ
basketbɔɔlo

κολύμβηση
nsuom adwareε

πυγχαμία
akutruku

χόκεϋ επί πάγου
asukɔkyea so hɔki

ποδόσφαιρο
futbɔl

μπάντμιντον
badmintin

στίβος
mirikatuo

χάντμπολ
bɔɔlo a yεde nsa bɔ

σκι
skii

πόλο
polo

δραστηριότητες

nwumadie

γελάω
sere
πηδάω
huri
αγκαλιάζω
bam
περπατάω
nante
τραγουδάω
to dwom
ονειρεύομαι
so daeɛ
προσεύχομαι
bɔ mpaeɛ
φιλάω
fe ano

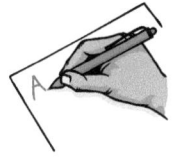

γράφω

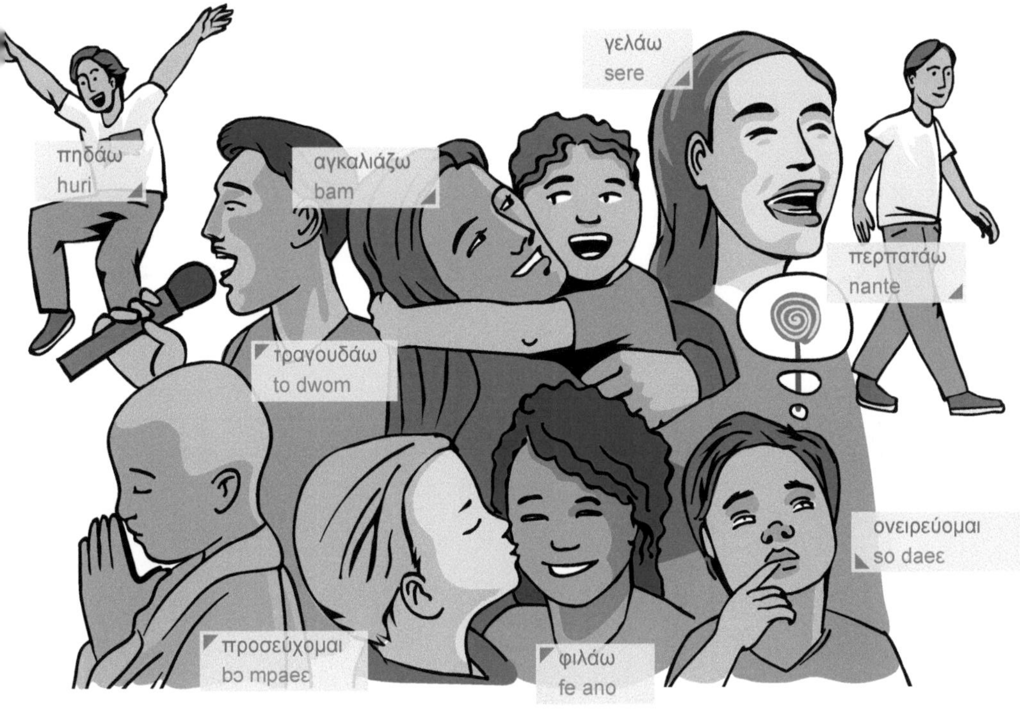

twerɛ

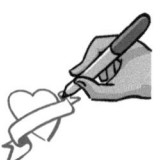

σχεδιάζω

dwi

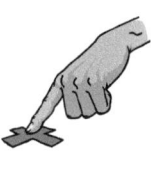

δείχνω

kyerɛ

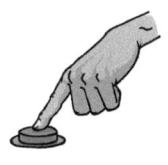

πιέζω

pia

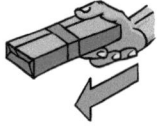

δίνω

ma

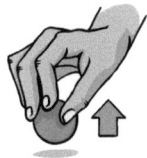

παίρνω

fa

έχω

nya

κάνω

γε

είμαι

γε

στέκομαι

gyina

τρέχω

tu mirika

τραβάω

twe

ρίχνω

to

πέφτω

tɔ fam

ξαπλώνω

da hɔ

περιμένω

twɛn

κουβαλώ

soa

κάθομαι

tenase

φοράω

hyɛ ataadeɛ

κοιμάμαι

da

ξυπνάω

nyane

κοιτάω

hwɛ

κλαίω

su

χαϊδεύω

san ho

χτενίζω

nunum

μιλάω

kasa

καταλαβαίνω

te aseɛ

ρωτάω

bisa

ακούω

tie

πίνω

nom

τρώω

didi

συγυρίζω

yɛ nsiesie

αγαπάω

ɔdɔ

μαγειρεύω

noa

οδηγώ

twi

πετάω

tu

κάνω ιστιοπλοΐα

fa nsuo so

υπολογίζω

sese

διαβάζω

kenkan

μαθαίνω

sua

δουλεύω

adwuma

παντρεύομαι

ware

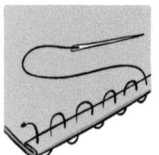

ράβω

pam

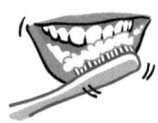

βουρτσίζω τα δόντια

twitwiri wo se

σκοτώνω

kum

καπνίζω

nom gyɔt

στέλνω

mane

οικογένεια
abusua

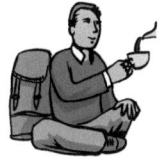

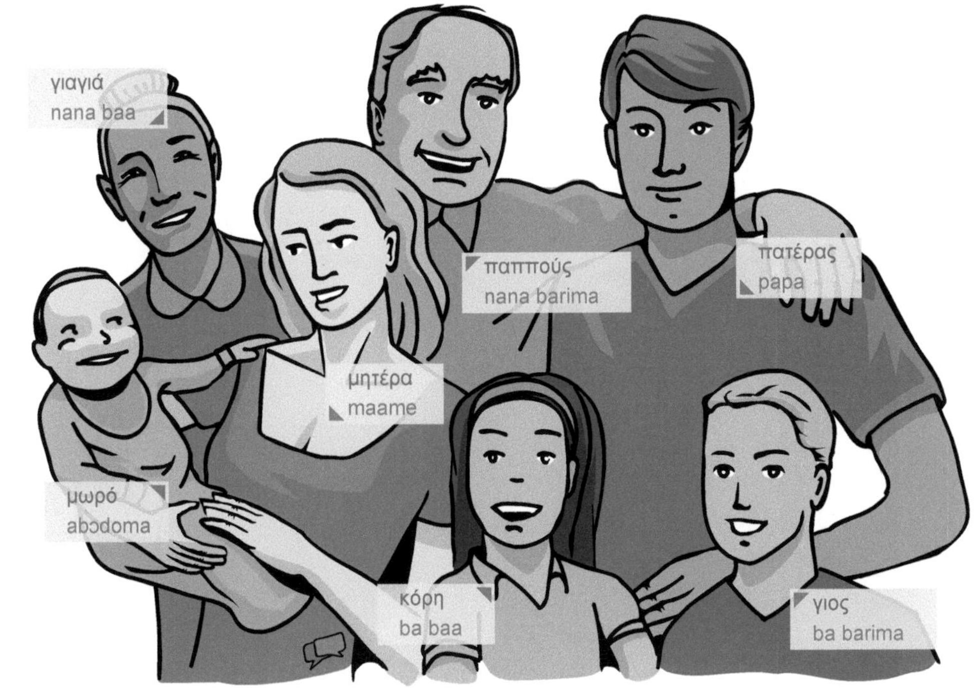

γιαγιά
nana baa
παππούς
nana barima
πατέρας
papa
μητέρα
maame
μωρό
abɔdoma
κόρη
ba baa
γιος
ba barima

καλεσμένος

ɔhɔhoɔ

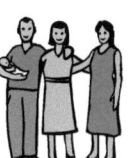

θεία

sewaa

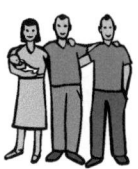

θείος

wɔfa

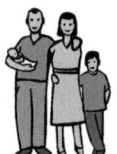

αδελφός

nua barima

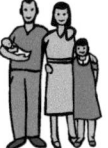

αδελφή

nua baa

σώμα
nipadua

μέτωπο
moma
μάτι
ani
ώμος
abɛtire
δάχτυλο
nsatea
πρόσωπο
anim
πιγούνι
apantan
χέρι
nsa
πόδι
ɛnan
στήθος
nufoɔ
βραχίονας
nsa

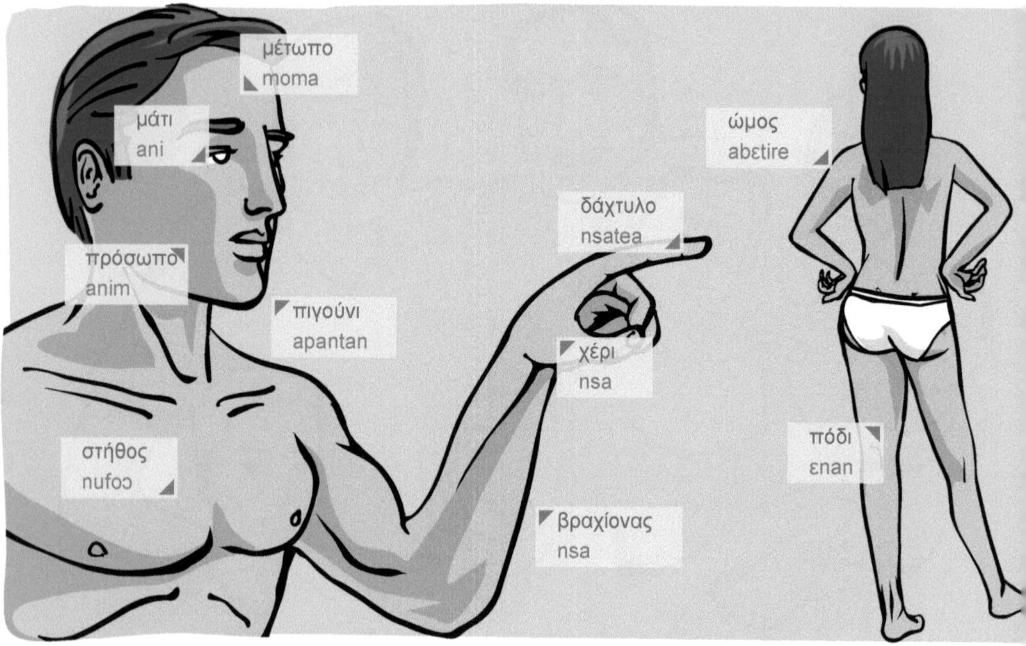

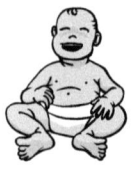

μωρό
abɔdoma

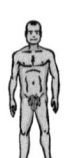

άνδρας
barima

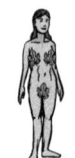

γυναίκα
ɔbaa

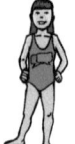

κορίτσι
abayewa

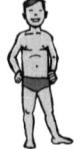

αγόρι
abarimawa

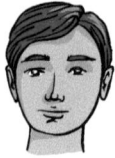

κεφάλι
etire

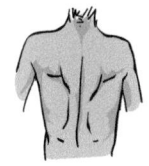

πλάτη

akyi

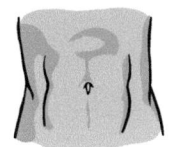

κοιλιά

afro

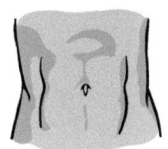

αφαλός

fruma

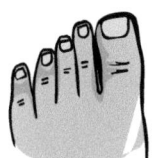

δάχτυλο ποδιού

nansoa

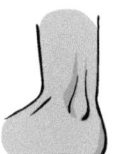

φτέρνα

nantini

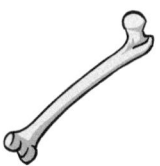

κόκκαλο

dompe

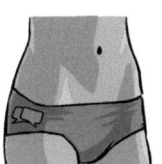

γοφός

ataasɔ

γόνατο

kotodwe

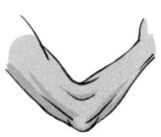

αγκώνας

abatwɛ

μύτη

ɛhwene

γλουτός

ɛtoɔ

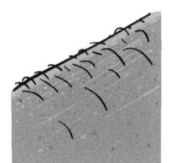

δέρμα

wedeɛ

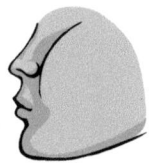

μάγουλο

afonɔ

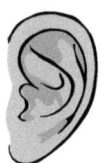

αυτί

aso

χείλος

ano

στόμα

anom

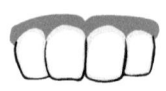

δόντι

ɛsee

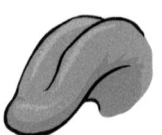

γλώσσα

tɛkyerɛma

εγκέφαλος

adwene

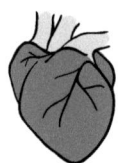

καρδιά

akoma

μυς

ntini

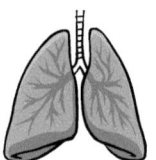

πνεύμονας

aharawa

συκώτι

brɛbɔɔ

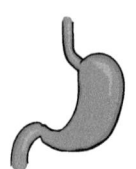

στομάχι

yafunu

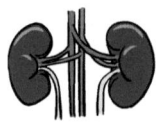

νεφρά

asaa

σεξουαλική επαφή

nna

προφυλακτικό

kɔndɔm

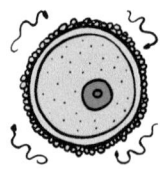

ωάριο

ɔbaa nkosua

σπέρμα

barima ho nsuo

εγκυμοσύνη

nyinsɛn

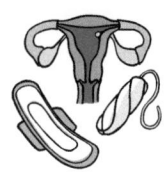

περίοδος

nsabuo

γυναικείος κόλπος

εtwε

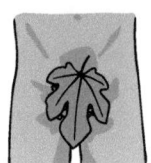

πέος

kɔteε

φρύδι

anintɔn

μαλλιά

enwin

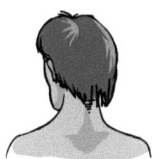

λαιμός

εkɔn

νοσοκομείο
ayaresabea

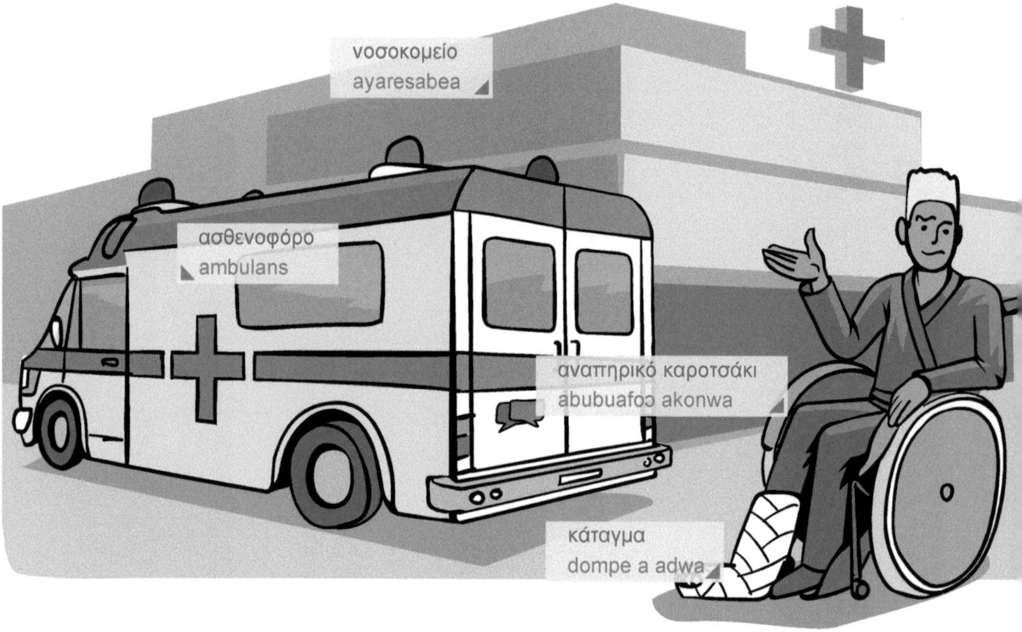

νοσοκομείο
ayaresabea
ασθενοφόρο
ambulans
αναπηρικό καροτσάκι
abubuafoɔ akonwa
κάταγμα
dompe a adwa

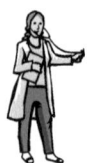

γιατρός

dɔkota

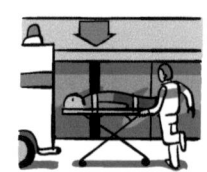

μονάδα εντατικής θεραπείας

ɛdan a wɔde putupru nsɛm kɔmu

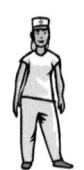

νοσοκόμα

nɛɛse

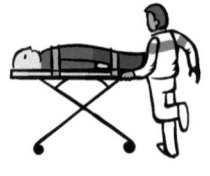

έκτακτη ανάγκη

putupru

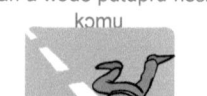

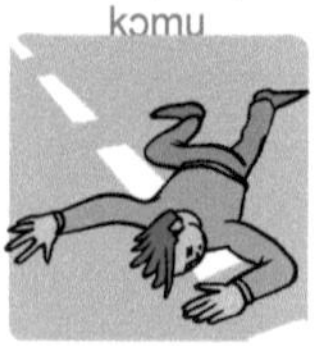

λιπόθυμος

wɔ atwa ahwe

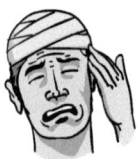

πόνος

yea

τραύμα
εpira

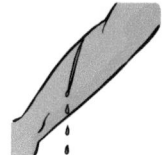

αιμορραγία
mogyatuo

έμφραγμα
akoma yarenini

εγκεφαλικό
stroke yareε

αλλεργία
allegyi

βήχας
εwa

πυρετός
ahoɔhyεε

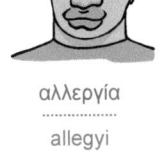

γρίπη
papu

διάρροια
ayamtuo

πονοκέφαλος
tipaεε

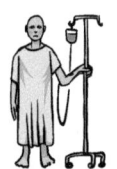

καρκίνος
kokoram

διαβήτης
asikyire yareε

χειρουργός
dɔkota a εγε ɔprehyεn

νυστέρι
skapεl sekan

εγχείρηση
aprehyεn

αξονική τομογραφία

CT

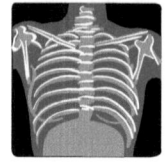

ακτινογραφία

x-ray

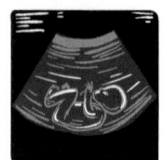

υπέρηχος

ultrasound

μάσκα

nkatanim

ασθένεια

yareε

αίθουσα αναμονής

εdan a wɔ twεn mu

πατερίτσα

krɔhyes

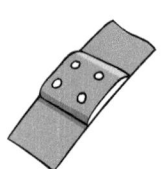

χάνσαπλαστ

plasta

επίδεσμος

banege

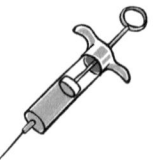

ένεση

panee

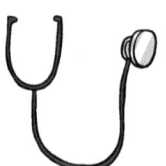

στηθοσκόπιο

Stetoskop

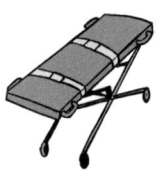

φορείο

ahomankaa

θερμόμετρο

afidie a esusu ahɔɔhyeε

γέννηση

awɔɔ

υπέρβαρο

kεseε mmorosɔɔ

ακουστικό βαρηκοΐας

afidie a εboa asεmtie

αντισηπτικό

aduro a ekum mmoawa

λοίμωξη

yareε a mmoawa deba

ιός

vaarɔs

HIV/AIDS

HIV / AIDS

φάρμακο

aduro

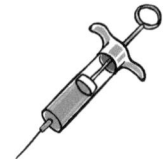

εμβολιασμός

aduro a esi yareε ano

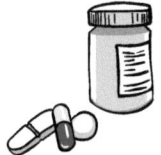

δισκία

aduro tablεte

χάπι

topaeε

κλήση έκτακτης ανάγκης

ɔfrε wɔ putupru so

πιεσόμετρο αίματος

afidie a esusu mogya mmrosoɔ

άρρωστος / υγιής

yareε / apomuden

Βοήθεια! Boa me!	 συναγερμός kɔkɔbɔ	 βιαιοπραγία ɛborɔ
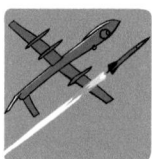 επίθεση ato ahyɛ obi so	 κίνδυνος ɛyɛ hu	 έξοδος κινδύνου baabi a yɛfa de pue putupru so
Φωτιά! Ogya!	 πυροσβεστήρας afidie a yɛde dumgya	 ατύχημα nkwanhyia
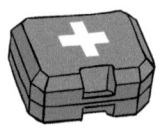 κουτί πρώτων βοηθειών nnɛɛma yɛde sɔ yarɛɛ ano	 SOS SOS	 αστυνομία polisi

Ευρώπη

Yuropo

Βόρεια Αμερική

Amerika atifi

Νότια Αμερική

Amerika ananfoɔ

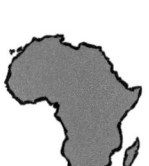

Αφρική

Abiberm

Ασία

Asia

Αυστραλία

Australia

Ατλαντικός Ωκεανός

Atlantik

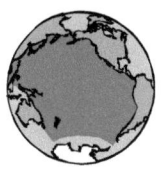

Ειρηνικός Ωκεανός

Pasifek

Ινδικός Ωκεανός

India po kɛseɛ

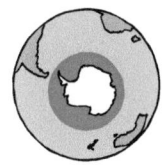

Ανταρκτικός Ωκεανός

Antaatek po keseɛ

Αρκτικός Ωκεανός

Aatek po kɛseɛ

Βόρειος Πόλος

Ewiase atifi

Νότιος Πόλος

Ewiase anaafoɔ

Ανταρκτική

Antaatek

Γη

Ewiase

γη

asaase

θάλασσα

ɛpo

νησί

supɔ

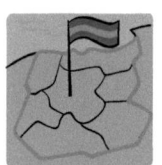

έθνος

ɔman

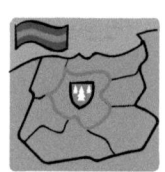

πολιτεία

ɔman

καντράν ρολογιού

klɔko no anim

ωροδείκτης

dɔnhwere nsa no

λεπτοδείκτης

sima nsa

δείκτης δευτερολέπτων

anitɛtɛ nsa no

Τι ώρα είναι;

Abɔ sɛn?

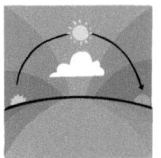

ημέρα

da

χρόνος

berɛ

τώρα

seeseiara

ψηφιακό ρολόι

wkye a nɔma wɔ so

λεπτό

sima

ώρα

dɔnhwere

εβδομάδα

nnawɔtwe

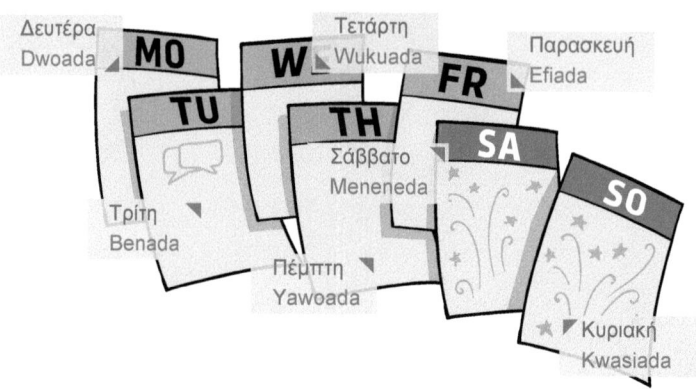

Δευτέρα
Dwoada

Τετάρτη
Wukuada

Παρασκευή
Efiada

Σάββατο
Meneneda

Τρίτη
Benada

Πέμπτη
Yawoada

Κυριακή
Kwasiada

χθες
εnora

σήμερα
εnora

αύριο
ɔkyina

πρωί
anɔpa

μεσημέρι
prεmtobrε

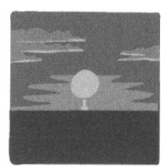

βράδυ
anwumerε

MO	TU	WE	TH	FR	SA	SU
1	2	3	4	5	6	7
8	9	10	11	12	13	14
15	16	17	18	19	20	21
22	23	24	25	26	27	28
29	30	31	1	2	3	4

εργάσιμες ημέρες
adwuma nna

MO	TU	WE	TH	FR	SA	SU
1	2	3	4	5	6	7
8	9	10	11	12	13	14
15	16	17	18	19	20	21
22	23	24	25	26	27	28
29	30	31	1	2	3	4

Σαββατοκύριακο
nnawɔtwe awieε

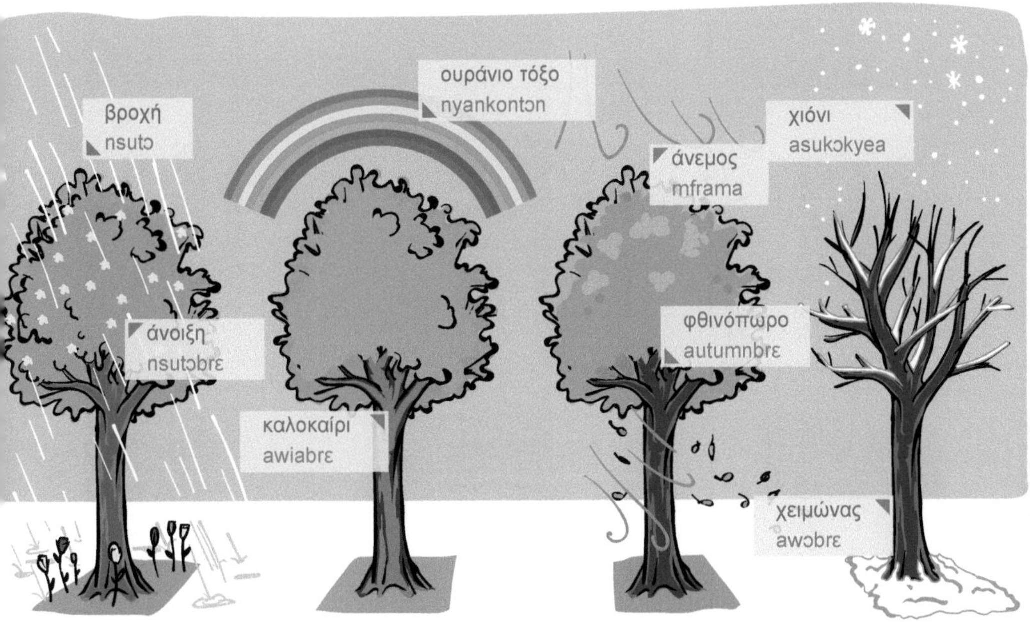

βροχή
nsutɔ

ουράνιο τόξο
nyankontɔn

χιόνι
asukɔkyea

άνεμος
mframa

άνοιξη
nsutɔbrɛ

καλοκαίρι
awiabrɛ

φθινόπωρο
autumnbrɛ

χειμώνας
awɔbrɛ

4.APRIL	11°	☀
5.APRIL	4°	☁
6.APRIL	13°	☂
7.APRIL	8°	☀
8.APRIL	10°	☀

πρόγνωση καιρού
ewiem nsakrɛeɛ

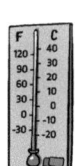

θερμόμετρο
afidie a esusu ade ho hyeɛ

λιακάδα
awiabɔ

σύννεφο
munukum

ομίχλη
ɛbɔ

υγρασία
ewiem nsuo

αστραπή

ayεrεmo

κεραυνός

apranaa

καταιγίδα

ehum

χαλάζι

asukɔkyea

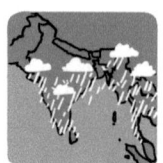

μουσώνας

monsoonbrε

πλημμύρα

nsuyiri

πάγος

aise

Ιανουάριος

ɔpεpɔn

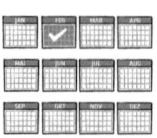

Φεβρουάριος

ɔgyefoɔ

Μάρτιος

ɔbεnem

Απρίλιος

Oforisuo

Μάιος

Kotonimaa

Ιούνιος

Ayεwohomumu

Ιούλιος

Kitawonsa

Αύγουστος

ɔsanaa

έτος - afe

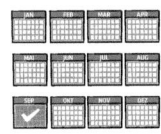

Σεπτέμβριος
....
εbɔ

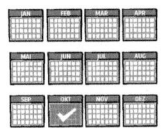

Οκτώβριος
....
Ahinime

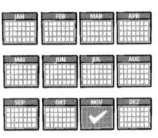

Νοέμβριος
....
Obubuo

Δεκέμβριος
....
ɔpɛnimaa

σχήματα
abosuo

κύκλος
....
kanko

τετράγωνο
....
sokwεε

ορθογώνιο
παραλληλόγραμμο
rεktangel

τρίγωνο
....
triangel

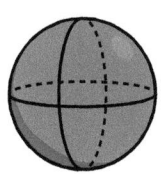

σφαίρα
....
krukruwa

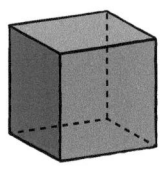

κύβος
....
adaka

άσπρο

fitaa

κίτρινο

akokɔ sradeε

πορτοκαλί

ankaa

ροζ

pink

κόκκινο

kɔkɔɔ

μωβ

pεpol

μπλε

bruu

πράσινο

ahaban mono

καφέ

braun

γκρι

nson

μαύρο

tuntum

πολύ / λίγο

pii / ketewa

θυμωμένος / ήρεμος

wo boafu / wɔ adwo

όμορφος / άσχημος

εγε fɛ / εγε tan

αρχή / τέλος

ahyεsεε / awiεε

μεγάλος / μικρός

kεsεε / esua

φωτεινός / σκοτεινός

εha / esum

αδελφός / αδελφή

nuabarima / nuabaa

καθαρός / λερωμένος

εho te / ayε fin

πλήρης / ατελής

awie / enwiεε

ημέρα / νύχτα

awia / anadwo

νεκρός / ζωντανός

awu / εte ase

φαρδύς / στενός

emubae / εγε tea

βρώσιμος / μη βρώσιμος

yɛde /yɛnni

κακός / ευγενικός

bɔne / tema

ενθουσιασμένος / βαριεστημένος

wɔ aniagye / wɔ ani nka

παχύς / λεπτός

ɔso / teatea

πρώτος / τελευταίος

edikan / etwatoɔ

φίλος / εχθρός

adamfoɔ / atamfo

γεμάτος / άδειος

ayɛ mma / hwee nim

σκληρός / μαλακός

ɛdenden / mmerɛ mmerɛ

βαρύς / ελαφρύς

ɛyɛ duru / ɛyɛ ha

πείνα / δίψα

ɛkɔm / nsukɔm

άρρωστος / υγιής

yareɛ / apomuden

παράνομος / νόμιμος

etia mmara / ɛwɔ mmara mu

έξυπνος / χαζός

nyansa / gyimi

αριστερός / δεξιός

benkum / nifa

κοντινός / μακρινός

ɛbɛn / akyire

καινούριος /
μεταχειρισμένος

foforɔ / dada

τίποτα / κάτι

hwee / biribi

γέρος | νέος

wɔ anyini/ ɔsua

αναμμένος / σβηστός

sɔ /dum

ανοιχτός / κλειστός

bue / tom

χαμηλόφωνος /
μεγαλόφωνος
dinn / dede

πλούσιος / φτωχός

ɔdefoɔ / ohia

σωστός / λανθασμένος

nifa / benkum

τραχύς / λείος

werewerɛwerewerɛ /
trontron

λυπημένος / χαρούμενος

awerɛhoɔ / anigyeɛ

κοντός / μακρύς

tietia / tenten

αργός / γρήγορος

nyaa / ntɛm

υγρός / στεγνός

afɔ / awɔ

ζεστός / δροσερός

dedɛɛdeɛɛ / adwo

πόλεμος / ειρήνη

akoo / asomdweɛ

0	**1**	**2**
μηδέν	ένα	δύο
hwee	baako	mienu

3	**4**	**5**
τρία	τέσσερα	πέντε
meɛnsa	ɛnan	enum

6	**7**	**8**
έξι	εφτά	οκτώ
nsia	nson	nwɔtwe

9	**10**	**11**
εννιά	δέκα	έντεκα
nkrɔn	edu	du-baako

12

δώδεκα

du-mienu

13

δεκατρία

du-meɛnsa

14

δεκατέσσερα

du-nan

15

δεκαπέντε

du-num

16

δεκαέξι

du-nsia

17

δεκαεφτά

de-nson

18

δεκαοκτώ

du-nwɔtwe

19

δεκαεννέα

du-nkron

20

είκοσι

aduonu

100

εκατό

ɔha

1.000

χίλια

apem

1.000.000

εκατομμύριο

ɔpepem

Αγγλικά

Brɔfo

Αμερικάνικα Αγγλικά

Amerikafoɔ Brɔfo

Μανδαρίνικα Κινέζικα

Chainfoɔ Mandarin

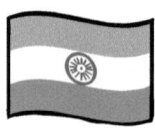

Χίντι

Hindi

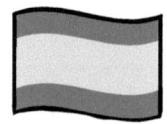

Ισπανικά

Spainfoɔ kasa

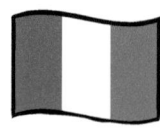

Γαλλικά

French kasa

Αραβικά

Arabia kasa

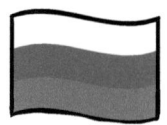

Ρώσικα

Russianfoɔ kasa

Πορτογαλικά

Portugalfoɔ kasa

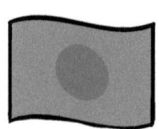

Μπενγκάλι

Bengali

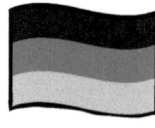

Γερμανικά

Germanfoɔ kasa

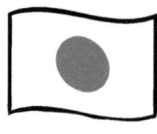

Ιαπωνικά

Japanfoɔ kasa

εγώ

Me

εσύ

wo

αυτός / αυτή / αυτό

ono

εμείς

γεn

εσείς

wo

αυτοί / αυτές / αυτά

ɔmmo

ποιος / ποια / ποιο;

hwan?

τι;

deε bεn?

πώς;

εγε deεn?

πού;

ehen?

πότε;

dabεn?

όνομα

edin

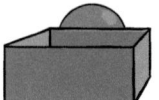

πίσω

akyire

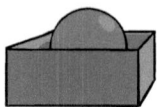

μέσα

emu

μπροστά

anim

πάνω από

εsoro

πάνω

εso

κάτω

aseε

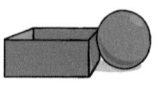

δίπλα

nkyεn

ανάμεσα

ntεm

μέρος

beaε